Burkhart Mecking

Heiliger Kram

Burkhart Mecking

Heiliger Kram

Steinmann

Erste Auflage

ISBN 978-3-927043-81-7
Covergestaltung: Gabriel Steinmann, München
Coverfotos: privat (Abbildungen im Buch: privat)
Herstellung: Books on Demand GmbH, Norderstedt
Printed in Germany

www.steinmannverlag.de

Motto

„Ich denke, wir sollten über die Zeit hinweg sein,
da es uns Theologen verboten war,
‚an Kraut und Gras' Gott zu erkennen.
Vielleicht kommt es darauf an, dass wir versuchen,
im Normalen, Gemeinen den Sinn zu finden,
dem Gewöhnlichen ein verborgenes Geheimnis zuzutrauen,
das Bekannte in die Fülle des Unbekannten einzustellen und
dem Endlichen seinen unendlichen Hintergrund anzusehen.
Vielleicht kämen wir dabei einmal, wenn wir es nicht erwarten,
zu einer religiösen Erfahrung."[1]

Inhaltsverzeichnis

Heiliger Kram

Beim Aufräumen sollen sie in die Kiste der Erinnerungen. Für die Kiste zum Aussortieren sind sie zu schade. Denn sobald sie in der Hand sind, werden Gefühle wach, werden diese Gegenstände transparent, und durch sie hindurch sind wie in einem Vergrößerungsglas Erlebnisse und Bilder da, die nicht vergessen, nur sehr weit zurückgetreten sind in der Lebensgeschichte. Die Schuhe des Dreijährigen. Von der Mutter wurden sie in der entsprechenden Schublade aufbewahrt. Die uneingestandene Sehnsucht war dabei, die Kindlichkeit des Kindes festzuhalten, das größer wurde und aus den Schuhen herauswuchs. Aber das Leben lässt sich nicht festschreiben. So blieb von der übrigen Bekleidung mehr als nur ein nicht länger benötigter Gebrauchsgegenstand. In die Hand genommen und angesehen wird er mit dem leisen Seufzer des Vergangen-Gegenwärtigen, der die schlichte Sache zu einem Kondensat von unterschiedlichen Gefühlen macht. So berührt der inzwischen erwachsene Träger die Schuhe, und sofort ist der Sachwert durch einen Lebenswert überhöht, und der Gegenstand leuchtet. Er wirft ein Licht auf die beschrittene Lebenslinie, die mit den getragenen und ausgetretenen Schuhen nie ausreichend beschrieben ist, und für die eine Beschreibung von Entwicklungen und Umwegen im biographischen Überblick umfassender sein muss. Die Erfahrung von Identität ist mehr als fraglich und wird im Anblick des Niedlichen vielleicht schmunzelnd angezweifelt. Und doch ist sie da und kann nur mit einer Denkanstrengung hergestellt werden. Sie ist symbolisch vorhanden.

Solche Kondensat-Gegenstände sind Träger von unterschiedlichen Bedeutungsfacetten.
Sie sind gleichzeitig Gegenstand und Verweis.
Sie sind durchsichtig auf eine andere Wirklichkeit.
Sie lassen ambivalente Gefühle und Reaktionen zu.
Sie tragen ein Mehr an Bedeutung.
Sie lassen Transzendenz in der Alltagswirklichkeit durchscheinen.
Sie geben eine Ahnung des Heiligen in der profanen Welt.
Sie sind heiliger Kram.

Ein eigenes Bild ist mir dabei vor Augen. Bei einer Hochzeit, einer der größten im Ort – die Tochter des angesehensten Landwirts heiratet –, geht alles mit Superlativen zu. Im größten Saal wird gefeiert. Über hundert Leute sind eingeladen. Auch etwas feierlicher und förmlicher geht es zu. Mir als dem Pfarrer wird ausdrücklich am Ehrentisch ein Platz angewiesen. An ihm sitzen sonst nur das Brautpaar, Eltern und Großeltern im Blickpunkt aller an der Stirnseite des Saals. Die Förmlichkeit ist aber bald durchbrochen. Das Essen wird aufgetragen, später Musik gemacht, gelacht, getanzt wie immer. Nach den ersten Wortwechseln, dem Warmwerden miteinander, kann ich den Saal, den Tisch genauer ansehen. Ich sehe, dass das Tischtuch ein feines Muster hat, sehe dann zwischen den Tellern und Schüsseln genauer hin. Ja, ist es Erschrecken, Erstaunen oder die Frage: Kann das wirklich möglich sein? Doch! In das weiße Damast-Tuch ist die Abendmahlsszene Jesu mit seinen Jüngern nach Leonardo da Vinci eingewebt. Auf meine Frage erfahre ich, dass die Tischdecke ein wertvolles Familienerbstück ist, natürlich nur bei festlichen Anlässen benutzt. Aber jetzt ist sie da, bei dieser Hochzeit, ich esse und trinke das, was auf ihr aufgetragen wird. Ich bin den ganzen Abend und auch später nicht davon losgekommen. Da ist diese über die ganze Zeit überlieferte Geschichte anwesend, das Genrebild des Abendmahls, aber nur in einer Funktion, als weiße festliche Tischdecke. Und das Kerzenwachs tropft auf Jesu Füße. Als Wein nachgeschenkt wird, wird Petrus bekleckert. Und ich denke darüber nach, ob sich die Soßenschüssel oder die Blumenvase besser auf dem Abendmahltisch ausmacht. Sakrileg? Kitsch? Gleichzeitig und doch beides nicht.

Da ist eigentlich ganz einfach und schlicht eine Frömmigkeit zum Gegenstand geronnen, anfassbar geworden. Biblische Geschichte ist präsent als Haushaltsgegenstand, zwar als besonderer, dem Fest vorbehaltener, aber doch praktischer, handhabbarer, in den Alltag aufgegangener Gegenstand. Der Glaube zeigt sich nicht in intellektuellen Worten und Gedanken. Über ihn muss man sich nicht den Kopf zerbrechen. Er ist aber da und kann als feines Tischtuch aus der Truhe geholt werden.

So außergewöhnlich schön gestaltet ist die Tischdecke noch Tischdecke oder Kunstwerk? Sie ist nicht mehr selbstverständlich Alltagsgegenstand. Hier fällt es leichter, einen besonderen Wert zu empfinden. Die Dinge sonst, das Materielle, sie werden eher abgewertet. Sie sollen zur Hand sein: Hilfen zur Gestaltung des Lebens. Bei unserer inneren Vorstellung einer Schöpfung der Welt ist zunächst das Belebte, das Organische, vor Augen, nicht die Welt der Dinge. Vielleicht muss an ihnen geprüft werden, wie eine Zuordnung von Gott, Welt und Mensch in einem Gleichgewicht gedacht und geglaubt werden kann.

Bei Luther findet sich noch die selbstverständliche Einordnung aller Dinge in den Zusammenhang der Schöpfung und die Gleichstellung des Belebten und des Materiellen, wenn er im Kleinen Katechismus zur Erklärung des Ersten Artikels schreibt: „Ich glaube, dass mich Gott geschaffen hat samt allen Kreaturen, mir Leib und Seele, Augen, Ohren und alle Glieder, Vernunft und alle Sinne gegeben hat und noch erhält; dazu Kleider und Schuh, Essen und Trinken, Haus und Hof, Frau und Kind, Acker, Vieh und alle Güter; mit allem, was Not tut für Leib und Leben, mich reichlich und täglich versorgt..." Und ähnlich die Erklärung zur vierten Bitte des Vaterunsers: „Was heißt denn tägliches Brot? Alles, was Not tut für Leib und Leben, wie Essen, Trinken, Kleider, Schuh, Haus, Hof, Acker, Vieh, Geld, Gut, fromme Eheleute, fromme Kinder, fromme Gehilfen, fromme und treue Oberherren, gute Regierung, gut Wetter, Friede, Gesundheit, Zucht, Ehre, gute Freunde, getreue Nachbarn und desgleichen." (EG 806, 2.3)

Den Blick auch auf „alle Güter" zu öffnen, lässt die Weite und die Fülle der Schöpfung sehen und Entdeckungen in der Welt der Dinge machen. Es bewahrt vor intellektueller Einseitigkeit.

Theologisches Nachdenken bewegt sich deshalb auf der Grenze des Vorfindlichen zu dem, was dieses übersteigt. Diesseits und Jenseits sind die Grenzpfeiler für diese ständige Bemühung.

Paul Tillich hat darauf hingewiesen, Immanenz und Transzendenz als „Raumsymbole" zu verstehen. Gott kann niemals genügend beschrieben werden, nicht mit der räumlichen Vorstellung in oder außerhalb der Welt. Sie kann nur symbolhafte Hilfe sein.
„Sicher ist Gott weder in einem anderen noch in demselben Raum wie die Welt. Er ist der schöpferische Grund der Raumstruktur der Welt, aber er ist nicht an diese Struktur gebunden, weder im positiven noch im negativen Sinne. Das Raum-Symbol zielt auf eine qualitative Beziehung: Gott ist der Welt immanent als ihr dauernder schöpferischer Grund, und er ist der Welt transzendent durch Freiheit. Beides, die unendliche göttliche Freiheit und die endliche menschliche Freiheit machen die Welt transzendent für Gott und Gott transzendent für die Welt. Dem religiösen Interesse an der göttlichen Transzendenz wird nicht Genüge getan, wenn man – mit Recht – die unendliche Überlegenheit des Unendlichen über das Endliche verteidigt ... Das Unendliche ist in jedem Endlichen gegenwärtig, sowohl im Stein als auch im Genius. Die Transzendenz, die von der

religiösen Erfahrung gefordert wird, ist der Bezug von Freiheit zu Freiheit, der in jeder persönlichen Begegnung aktuell ist."[2]

Mit der Erwähnung von „Genius" und „Stein" ist die Spannweite zwischen Geist und Materie auf einen treffenden Begriff gebracht. Die Aufmerksamkeit wieder mehr auf den „Stein" zu richten und die sperrige Frage zu stellen, wie Gottes Anwesenheit im Stein zu denken ist, kann dem Glauben eine andere Weite und Tiefe geben.

Dabei können Worte von Hermann Hesse gut begleiten:

> *Spruch*
>
> *So mußt du allen Dingen*
> *Bruder und Schwester sein,*
> *Daß sie dich ganz durchdringen,*
> *Daß du nicht scheidest Mein und Dein.*
>
> *Kein Stern, kein Laub soll fallen –*
> *Du mußt mit ihm vergehn!*
> *So wirst du auch mit allen*
> *Allstündlich auferstehn.*[3]

Paulus hat für die Wahrnehmung der Herrlichkeit und des Lichtes von Gott das Bild, sie seien gegenwärtig in Alltagsgegenständen: *Wir haben aber diesen Schatz in irdenen Gefäßen, damit die überschwängliche Kraft von Gott sei und nicht von uns.* (2. Korinther 4, 7)

I. Dinge weisen über sich hinaus

Souvenirs, Souvenirs und das kleine Nadelkissen

„Souvenirs, Souvenirs ..." singt Bill Ramsay, „kauft, ihr Leute, kauft sie ein, denn sie sollen wie das Salz in der Lebenssuppe sein."

Natürlich haben wir alle solche Erinnerungsstücke, Mitbringsel von Reisen, die noch einmal eine interessante und entspannte Zeit nachempfinden lassen, ein ferner Nachklang gelöster Tage, das Bild schöner Landschaft und fröhlicher Begegnungen. Auch Dinge finden sich, die wir geschenkt bekommen haben, und in den Gegenständen ist die schenkende Person gegenwärtig. War das letztes Jahr, als uns Freunde dieses schöne Glas aus Italien mitbrachten? Ohne die Erinnerung verstauben sie nur. Nicht die Schönheit und kunstvolle Gestalt machen den Wert aus, sondern dahinter sieht man die Menschen, ahnt man gute und gelungene Gespräche. Das bleibt anschaulich und ist erneut vor Augen.

An dem regnerischen Tag habe ich den Mantel wieder hervorgeholt und draußen die Hände in die Taschen vergraben. Was war da vergessen in der einen Tasche? Ein kleines Knäuel Wolle. Natürlich, das kleine Nadelkissen, gehäkelt und wie ein winzig kleiner Damenhut gestaltet. Die bettlägerige Frau hatte ihn mir gegeben, schon vor Monaten, und jetzt war die Erinnerung wieder ganz da. Solche Häkelarbeiten konnte sie noch machen. Das gelang bewundernswert gut, wo doch sonst viele Bewegungen schwerfielen. Und noch mehr zu bewundern war ihre Geduld, war die Freundlichkeit und Liebe, mit denen sie sprechen konnte. Ich presste das Knäuel Wolle in die Hand, und es war die Wärme da, die sich schon damals bei den Besuchen auf mich übertragen hatte. Ich konnte vor mich hin lächeln, etwas aufrechter gehen. Der Regen war nicht mehr wichtig.

Den Hut werde ich nicht als Nadelkissen verwenden. Ich bewahre ihn auf, ein Erinnerungsstück, zweckentfremdet. Aber sein richtiger Zweck liegt gar nicht darin, im Nähkorb zu verschwinden. Sein richtiger Zweck liegt wohl darin, etwas Mut, etwas innere Wärme weiterzugeben. Er lässt mich daran denken, dass jemand auch in einer schweren Situation nicht mutlos ist, dass auch da Kraft zu spüren ist, die das Leben trägt. *Der Herr ist meines Lebens Kraft. Wovor sollte ich Angst haben?*, heißt es im 27. Psalm.

Als ich das Knäuel Wolle in der Hand hatte, war einen Augenblick diese Ermutigung da. Es war das Gefühl, auf festem Boden zu stehen und auch schwierigen Situationen gelassen begegnen zu können. Das lässt sich nicht wiederholen. Das Erinnerungsstück hat keine magische Kraft, und auch die Zusage Gottes für das Leben lässt sich nicht automatisch abrufen. Aber es gibt Momente, da ist erfüllte Wärme da, da ist begründeter Mut für die nächste Zeit da. Die bettlägerige Frau konnte mir diesen Moment vermitteln.

Seltsam, Gegenstände bekommen eine andere Qualität, sie eröffnen einen Blick hinter das Äußere. Solche Souvenirs, etwas nachlässig, manchmal auch sorgfältig Aufbewahrtes, vermitteln sehr viel mehr als das materielle Aussehen oder ihr Wert. Gegenstände können Behälter für Gott werden.

So ist es, wenn wir glauben, dass in einem Stück Brot die Gegenwart Gottes ist, in einem Schluck Wein die Erinnerung an die Worte und Handlungen Jesu. Gegenstände des Alltags gewinnen eine geheimnisvolle, wunderbare Tiefe. Wir können es die Begegnung mit einem Sakrament nennen, mit dem Geheiligten. Auch Souvenirs haben etwas davon. Sie geben der Lebenssuppe den richtigen Geschmack.

Die Kinderschuhe

Beim Kramen in der Schublade sind die kleinen Schuhe da. Sie wurden nicht eigens gesucht. Eigentlich war es etwas anderes, nach dem Ausschau gehalten wurde. Aber jetzt werden sie in die Hand genommen. Ein kurzes Erstaunen und Zögern. Auch bei ihrer Kleinheit ziehen sie die Aufmerksamkeit auf sich und lassen das zunächst Gesuchte unwichtig erscheinen. Sofort stellt sich die Gedankenkette ein. Der Dreijährige hatte sie getragen. Die Mutter hatte sie aufbewahrt. Immer wenn sie ihr früher in die Hand kamen, waren sie gezeigt worden. „Das waren deine!" Auch Jahre später hatten sie jeden Umzug und jedes Aufräumen überstanden und waren in die Schubläden getan worden, die das Unentschiedene enthielten, zu schade zum Wegwerfen, zu unbedeutend, um den öffentlichen Platz in der Wohnung einzunehmen.

Jetzt braucht das Erstaunen wieder einige Minuten Zeit. Mit der Erinnerung an die sorgfältige Mutter gehen die Gedanken soweit zurück, wie auch die eigene Vorstellungskraft reicht. Sie versucht zusammenzuordnen, was bei diesem Anblick lächelnd als Gegensatz bleibt. Das war ich? Das bin ich? Mit manchen Erlebnisbildern verbindet sich dann die Sehnsucht nach Wiederholbarkeit. Vielleicht besonders, weil es unverstellte und unbeschwerte Zeiten der Kindheit und frühen Jugend sind. Doch der Wunsch, die Zeit zurückzudrehen, vermischt sich schnell mit der wehmütigen Erkenntnis, dass Lebenserlebnisse und Lebensbegegnungen einmalig sind.

Eine Frau erzählt vom Aufsuchen ihres Elternhauses im früheren Hinterpommern, im heutigen Polen. Nach Jahrzehnten war durch den politischen Umbruch diese Reise möglich geworden. Ängstliche Gedanken mussten erst überwunden werden und der Entschluss gestärkt werden, sich den ambivalenten Gefühlen von lustvoller Erinnerung und enttäuschender Einmaligkeit und Unwiederholbarkeit zu stellen. Dann steht sie unschlüssig vor dem Haus. Eine Frau kommt und sagt: *Brosche – Willkommen*. Sie darf eintreten. Jemand, der ein paar Brocken Deutsch spricht, wird geholt. Beim Kaffeetrinken kann die so unterschiedlich erfahrene Geschichte mit diesem Ort ausgetauscht werden. Später sagt sie: „Wenn ich die Bilder von diesem Haus den Kindern zeige, muss ich mich fast schämen. Beim Erzählen von früher habe ich wohl die Vorstellung von einem Schloss vermittelt, und jetzt sieht man die engen Zimmer und das kleine Haus."

Draußen ist sie am Zaun entlanggegangen. Der stand noch wie früher. Sie hat ein Loch gesucht, durch das sie, die evangelischen Kinder, draußen die katholischen Prozessionen beobachtet haben, die an den Feiertagen vorbeizogen. Sie konnte es erst nicht finden. War es repariert worden? Doch dann die Erkenntnis: *Nein, da war es, natürlich viel niedriger, auf der Blickhöhe des Kindes.* Sie musste sich kleinmachen, um noch einmal hindurchzusehen.

Durch das Bücken war auch äußerlich die Perspektivverschiebung nachvollziehbar. Dasselbe Auge sah dasselbe Ding, und in dem Blick war die Zeit eines Lebens eingeschlossen. Aber war sie noch dieselbe? Sie konnte diese Frage als Aufgabe annehmen und die verflossene Entwicklung in ihrer Unabänderlichkeit mit der Gestaltung der eigenen Lebensidentität verbinden.

Mit seiner charakteristisch leichten und doch nachdenkenswerten Weise hat Erich Kästner eine mögliche Erfahrung mit der Lebensgeschichte so ausgedrückt:

Man müßte wieder sechzehn Jahre sein
und alles, was seitdem geschah, vergessen.
Man müßte wieder seltne Blumen pressen
und (weil man wächst) sich an der Türe messen
und auf dem Schulweg in die Tore schrein.

Man müßte wieder nachts am Fenster stehn
und auf die Stimmen der Passanten hören,
wenn sie den leisen Schlaf der Straßen stören.
Man müßte sich, wenn einer lügt, empören
und ihm fünf Tage aus dem Wege gehn.

Man müßte wieder durch den Stadtpark laufen
mit einem Mädchen, das nach Hause muß
und küssen will und Angst hat vor dem Kuß.
Man müßte ihr und sich, vor Ladenschluß,
für zwei Mark fünfzig ein paar Ringe kaufen.

Man würde seiner Mutter wieder schmeicheln,
weil man zum Jahrmarkt ein paar Groschen braucht.
Man sähe dann den Mann, der lange taucht.

Und einen Affen, der Zigarren raucht.
Und ließe sich von Riesendamen streicheln.

Ich bin sicher, noch vieles mehr könnte jede und jeder, so wie Kästner, und ganz für sich, in diese Form kleiden: *Man müsste wieder ...* Es wäre verbunden mit dem wehmütigen Lächeln über das, was nicht zurückholbar ist, oder auch mit der wissenden Gelassenheit: das Erinnerte hat mit dazu beigetragen, dass ich so bin, und es ist gut so.

Dann ist der letzte Vers von Erich Kästner der richtige Ausdruck dafür.

Man sähe alles, was man damals sah.
Und alles, was seit jener Zeit geschah,
das würde nun zum zweitenmal geschehn ...
Dieselben Bilder willst du wiedersehn?
Ja![4]

„Existenz im Wiederholungsfalle" hat Kästner diese Zeilen überschrieben. Mit seinem ironischen Ton greift er den amtlichen Terminus der Rechtssprache auf und macht die Spannung spürbar zwischen dem, was wiederholbar ist, möglicherweise amtlich angekreidet wird, und dem Einmaligen, das die Erinnerung vage hervorholen kann. Die Existenz in Konjunktiv kann schillernd wehmütig das Verlorene widerspiegeln oder bereichernd einen Schatz für die Gegenwart heben. Der Konjunktiv kann zum Positiv im Präsens werden.

Deshalb ist es gut, das Ja heute sagen zu können. Auch Lebenserinnerungen mit den Narben der schweren Erinnerungen gehören dann dazu. Sie können neben den verklärten, vergangenen Bildern stehen. Und das Ganze macht unser Leben aus. Es kann ein besonderes Geschenk sein, das Ja zu sagen.

Ja, es ist gut so, und es war gut so. Und ich bin gespannt, was noch werden wird. Ich werde Ja sagen können. Gott sei Dank!

Die Taufschale

Sie stand auf dem Regal meiner Mutter. Nach ihrem Tod ist es eines meiner Erinnerungsstücke geworden. Auf dem Fensterbrett ist sie schöne Dekoration. An ihren früheren Gebrauch wird gedacht, wenn ein Besucher fragt, oder ich den Impuls habe, sie anderen zu zeigen.

Meine Mutter erzählte gerne, dass ich zuhause getauft wurde. Es war damals noch oft geübte Praxis. Das Besondere war, dass diese Taufe an einem wunderschönen Maitag zu Pfingsten 1943 draußen im Garten sein konnte. Die Sonne dieses Tages überschien dann die anderen Erinnerungen, die nicht vergessen waren, die Erinnerungen an die Kriegszeit, daran, dass dieses getaufte Kind bei den häufigen Bombenalarmen schnell aus dem Säuglingsbett in den Luftschutzkeller gebracht werden musste.

Unter den Bäumen im Garten war in dem Moment eine Kirche eigener Art entstanden. Die Schale aus einfach goldgestrichenem Metall ersetzte die schweren Bronzegefäße, die sonst in der Kirche als „vasa sacra", heiliges Sakramentsgerät, genutzt wurden.

Die Taufschale hat mich über Jahrzehnte begleitet und wird weiter unter den Schmuckstücken der Wohnung sein. Sie macht dauerhaft sichtbar, was mit der Taufe als Handlung und Wort an einem einzigen Tag – doch das ganze Leben umfassend – getan wurde. Es ist das Sakrament, das Staunen lässt und verwundert den Gegensatz zwischen Einmaligkeit und Dauer vor Augen stellt, Zuwendung und Zusage ein für alle Mal und ein Leben lang.

Mit ihren wachen Augen, rüstig und guter Dinge, erzählt die 85-Jährige und unterstreicht ihre Worte mit weiten Bewegungen der Arme. Wenn es so bleibt, könnte das Leben gerne noch so weitergehen.
„Sehen Sie, meine Schwester ist 93 geworden und hat doch die Nottaufe gehabt."
Es hat also wohl damals kurz nach der Geburt eine dramatische Entwicklung gegeben. Die Befürchtung war da, das Kind könnte nicht überleben. Und so hat man eine Taufe vollzogen. Dazu braucht es nicht einen Pfarrer. Sondern jeder selbst Getaufte kann diese Taufe vollziehen. In den Gesangbüchern gab und gibt es dafür Hilfen.
„Meine Schwester ist 93 geworden und hat doch die Nottaufe gehabt."

Sie sagt das mit der Erfahrung eines ganzen Lebens. Denn Momente, vergleichbar mit denen bei der Nottaufe, wird es öfter gegeben haben, Bedrohungen, Ängste und ein Spüren der Grenzen des Lebens. Erst im Rückblick eines reichen, beschenkten Lebens wird man sagen können: *Es ist gut so*! Es zeigt sich dann die Wahrheit des gerne für die Taufe verwendeten Psalmwortes: „Denn er hat seinen Engeln befohlen, dass sie dich behüten auf allen deinen Wegen" (Psalm 91,11). Darin steckt nicht die beschwörende Formel gegen Lebensängstlichkeit, nicht das sich selbst Mut machende Pfeifen in der Dunkelheit. Es ist aber genauso wenig eine Geste der Überheblichkeit, dass mir schon nichts passieren kann, und es ist ebenso nicht eine Unerschütterlichkeit des Glaubens. Es kann eher ein leises Glaubenslied der Taufe sein, vielleicht von jemandem, dem in Niederlagen, in Gefahr und Angst neuer Mut zukommt. So kann es wohl jemand ausdrücken, dem die Bedrohlichkeit des Lebens schon in die Wiege gelegt war. „Meine Schwester hat die Nottaufe gehabt."

Die Taufe war eine Hilfe in einer gefährlichen Situation. Dass sie selbst ein gefährliches Zeichen ist, wird gerne bei der Taufe eines niedlichen Kindes übersehen. Es ist aber ein Zeichen dafür, sich eines Grundes zu vergewissern – auch den Urgrund und die Grundbedingung der Existenz wahrzunehmen, nämlich Leben und Sterben einander zuzuordnen. Das Gefährliche der Taufe ist es, sich schon zu Beginn des Lebens der Erfahrung des Sterbens zu stellen. Das ist ziemlich unangenehm, ist aber gleichzeitig heilsam, weil es den klaren Blick auf die Lebensbedingungen öffnet und die Fragen nicht verdrängt, die sich für jedes Leben stellen. Das erwachsene Bewusstsein wird zu den eigenen Anfängen zurückgeführt, fragt nach dem Ursprung, auch nach der Notwendigkeit des begonnenen und beschrittenen Weges, nach der versäumten Möglichkeit anderer Entwicklungen. Wie gelingt es, in der schließlich befristeten Zeit zu sich zu finden, zu dem zu kommen, was anspruchsvoll mit Identität bezeichnet wird? Ich bin Ich mit meinen Grenzen, mit dem, was nicht zu ändern ist, mit meiner befristeten Lebenszeit.

Die Taufe ist dann ein stärkendes, heilsames Zeichen, gefährlich nur, wenn ich die Begrenzungen nicht achte. Sie ist ein Rahmen für das gesamte Leben und verstellt nicht den Blick auf die Grenzen und das Lebensziel auch des Sterbens. Paulus hat die Gefährlichkeit, ebenso wie die Heilsamkeit der Taufe mit dem Hinweis auf Christus beschrieben.

„Wisst ihr nicht, dass alle, die wir auf Christus Jesus getauft sind, die sind in seinen Tod getauft? So sind wir ja mit ihm begraben durch die Taufe in den Tod."

Das ist die gefährliche, die dunkle Seite der Taufe. Dann aber, und das ist die große Befreiung:

> *... damit, wie Christus auferweckt ist von den Toten durch die Herrlichkeit des Vaters, auch wir in einem neuen Leben wandeln. (Römer 6, 3.4)*

Der Ziehkasten

Es ist nur ein kleiner Kasten. Sein besonderer Wert zeigt sich mit dem Goldaufdruck „Lobe den Herrn". Er enthält an die hundert Karten, schön bedruckt jeweils mit einem Bibelvers und einer thematisch passenden Liedstrophe. Er kommt aus der Tradition der Herrnhuter Losungen. Hier sind sie nicht einem Tag zugeordnet. In vielen christlichen Familien ist das Lesen der Losungen eine gerne wahrgenommene Frömmigkeitspraxis. In dem weit verbreiteten Losungsheft ist für jeden Tag des Jahres ein biblischer Losungsvers aus dem Alten Testament abgedruckt, dazu ein passendes neutestamentliches Wort, der sogenannte Lehrtext und eine Liedstrophe, ein Gedicht oder ein Gebet als poetischer Gedanke. Der Einzelne oder die Gruppe liest die Texte als ein Motto und begleitendes Wort für den Tag und gestaltet damit eine eigene Form der Andacht.

Beim Ziehkasten ist an eine gegenwärtig sicher selten gewordene Weise gedacht, eine Losung zu finden. Beliebig wird aus dem Stapel eine Karte gezogen. Diese Losung soll dann für den Tag heute gelten. Es spiegelt sich darin die pietistische Wertschätzung des biblischen Textes, der, verbunden mit der Vorstellung, dass nur Gottes Wille sich durchsetzt, als Begleitwort für jeden Tag des Lebens dienen kann. Sogar noch mehr, er kann als Hilfe in Entscheidungsfragen dienen, ob ein bestimmter Weg eingeschlagen werden soll oder nicht. Das konnte in der Form des Bibelstechens geschehen. Mit einem Stab wurde in die geschlossene Bibel gestochen, auf der entsprechenden Seite wieder blind ein Vers gewählt. Die gefundenen Worte sollten Aufschluss geben und den Willen Gottes in dieser Frage offenbaren. Als „Däumeln", also mit dem Daumen den Buchrücken der Bibel entlangzugehen und blind einen Text zu finden, wurde eine ähnliche Methode praktiziert. Es war ein spirituelles Orakel. Auch in pietistischer Tradition war die Gefahr einer Verselbstständigung gesehen. Solche Praxis konnte nur eingebunden in eine grundlegende Bibel- und Christusfrömmigkeit gerechtfertigt werden. Von anderen Gruppen wurde sie spöttisch belächelt und auch in kirchlichen Kreisen kritisch abgelehnt.

In der Lebensdarstellung „Der grüne Heinrich" von Gottfried Keller ist die bewegende Geschichte eines Albertus Zwiehan eingeschoben. Sie ist ein Spiegel des Suchens und der erotischen Wirren des grünen Heinrichs selbst. Zwiehan verliebt sich in die junge Frau Afra schon bei ihrem reizenden Anblick und folgt ihr, ohne dass sie davon weiß, in die Brüdergemeinde in Herrnhut. Die Bitte um

Aufnahme wird dem „unbeholfenen Himmelsbarbar“ verweigert. Als er ihr zufällig begegnet, gesteht er ihr seine Liebe und berichtet von der Ablehnung. „Ebenso betroffen als mitleidig liebevoll, wie es ihm schien, ließ sie ihr Auge auf ihm ruhen, wie von einem inneren Lichte sanft erglänzend, und sagte dann mit leiser und doch wohltönender Stimme, ihm sei mehr die Liebe zum Herrn und Erlöser als irdische Liebe vonnöten.“[5]

Auf ihre Bitte wird er zur Probe zugelassen, „immerhin in der Meinung, dass er sich nach Verlauf einiger Zeit dem Entscheide des Loses über seine endgültige Aufnahme zu unterwerfen habe, wie denn dieses Mittel in wichtigeren Angelegenheiten bekanntlich angewendet wurde, um dem unmittelbaren Kundgeben des göttlichen Willens Raum zu gestatten.“[6]

Mit dem seltenen und heimlichen Blick auf die Geliebte gelingen seine „Werke der Heiligwerdung“ nicht so recht. Immerhin, „bevor man weitere Mühen an ihn verschwenden wollte“, wird „das Befragen des göttlichen Orakels“[7] angeordnet. Es bestimmt ihn für eine höhere Prüfungsklasse. Nur ist seine Geliebte inzwischen, auch durch das Los bestätigt, einem anderen Missionar zur Heirat an die Seite gegeben. Tief enttäuscht und niedergeschlagen wird er als Gehilfe einer Missionsstation in Grönland zugelost. „Ohne jeglichen Widerstand ließ er sich dazu vorbereiten und fuhr mit seinem geistlichen Seelenmeister davon, ohne daß er die Afra wieder zu sehen bekommen hätte. Nur ein schön gebundenes, kleines, dickes Büchlein hatte sie ihm zum Andenken gesendet; es enthielt für jeden Tag im Jahr einen Spruch oder Gedicht, und überdies war ein Stäbchen von Elfenbein zum prophetischen Zwischenstechen daran befestigt.“[8] In seiner Einsamkeit nach vielen Monaten sticht er in dem Buch, natürlich einem Losungsbuch der Herrnhuter, auf ein Gedicht von einem Garten. Ein Gefühl von Heimweh erfüllt ihn sofort mit ganzer Kraft. Ohne Abschied fährt er zurück. Zu Hause aber kann er nicht mehr zu einem bürgerlichen Leben finden. Er stirbt bald.

Der grüne Heinrich hat von seiner Geschichte erfahren, weil er auf dem Friedhof einen Totenschädel gefunden hat. Der Schädel von Albertus Zwiehan gehört jetzt zu seinen Utensilien. Er ist die Erinnerung an erlittenes und herbeigeführtes Lebensgeschick.

In jedem Jahr Anfang Mai werden in der Evangelischen Brüderunität in Herrnhut die Losungen für ein übernächstes Jahr gezogen. Die Zeit im Mai erinnert an die

erste Herausgabe der Losungen im Jahr 1728. Sie werden aus einer Spruchsammlung von über tausend Sprüchen aus dem Alten Testament gezogen. Die gezogenen Worte werden aus der Sammlung zunächst herausgenommen, um schnelle Wiederholungen zu vermeiden und nach zwei Jahren wieder zugegeben. Ein zweites neutestamentliches Wort, der sogenannte Lehrtext, wird der Losung in bewusster Assoziation von den Mitarbeitern zugeordnet, ebenso ein Liedvers, Gedicht oder Gebet.

Über die Zeit sind die Losungen zu einem festen Bestandteil für eine Andacht allein oder von Familien und Gruppen geworden, inzwischen auch übersetzt in viele Sprachen. Die Ausgabe der Losungen ist das am meisten verbreitete Andachtsbuch. Allein die deutsche Ausgabe hat eine Auflagenhöhe von einer Million.[9]

Es gibt beeindruckende Beispiele dafür, dass in vielen Lebensgeschichten das meditierende Lesen der Losungen oft tröstend, immer wieder auch wegweisend war. An Dietrich Bonhoeffer sei erinnert, für den sie lebensbegleitend waren, und der sie den Teilnehmern seiner Predigerseminare vermittelte. Am 21. Juli 1944 schreibt Bonhoeffer an Eberhard Bethge. Es ist der Tag nach dem gescheiterten Attentat auf Hitler. Die Losung sagte für diesen Tag: „Jene verlassen sich auf Wagen und Rosse, wir aber denken an den Namen des Herrn, unsres Gottes" (Psalm 20,8); und: „Ist Gott für uns, wer mag wider uns sein?" (Römer 8, 31) Gerade an diesem Tag und in diesem Brief schreibt er besonders persönlich von seinen früheren Bemühungen, den Glauben in einem heiligen Leben als Sinn und Ziel des Lebens zu verwirklichen. „Ich dachte, ich könnte glauben lernen, indem ich selbst so etwas wie ein heiliges Leben zu führen versuchte ... Später erfuhr ich, und ich erfahre es bis zur Stunde, daß man erst in der vollen Diesseitigkeit des Lebens glauben lernt."[10]

In den Alltag, genauso wie in geschichtlich entscheidende Zeiten ist mit den Losungen eine Verbindung zu biblischer Tradition hergestellt und damit zu tiefem, spirituellen Verständnis des Lebens. Die Losungen können als lebendige Form des Umgehens mit Texten verstanden werden. Man kann übertragen den Text des Lebens als Gewebe sehen, sehr gut mit dem Aufbau eines Webstuhls zu vergleichen. Die Fäden der Kette sind aufgespannt. Sie sind die vorgegebenen Bedingungen des Lebens, wie persönliche Prägungen und soziale Voraussetzungen. In sie hinein werden die Fäden geschossen, die dem Ganzen Gestalt geben.

Texte können Textilien werden. Aus Kette und Schuss entsteht ein individuelles, unverwechselbares Lebensgewebe.

Der biblische Faden hat durch die pietistische Tradition neu Bedeutung gewonnen. Besondere Losungen sind die Worte, die Übergangsriten begleiten. Bei Tauf-, Konfirmations- und Trausprüchen sind es Stützen, die eine ganze Lebenszeit begleiten. Auch da gibt es häufig den Wunsch, sie sich nicht selbst auszusuchen, sondern zugesprochen zu bekommen, zugelost. Die Bibel ist wie ein Steinbruch verstanden, in dem wertvolle Kristalle und Edelsteine zu finden sind. Solche Worte dürfen dann besonders hervorgehoben werden. In manchen Bibelausgaben sind sie dick gedruckt. Sie ziehen nicht nur die Aufmerksamkeit des Auges, sondern auch des Herzens und des Gedächtnisses auf sich. Sie sind von besonderem, aussagestarken Wert.

Ihre Bedeutung hat der Künstler Rudolf Koch in eigener Weise hervorgehoben. Seine Werke sind im Frankfurter Raum bekannt. Er hat biblische Texte sozusagen wörtlich in fremdes Material geschrieben. Was ihn bewegt und beeindruckt hat, beschreibt er: „Ich bin beim Lesen vieler und mancherlei Bücher in jungen Jahren mit der Zeit an ein Buch gekommen, da hat das Lesen nicht mehr ausgereicht. Das war so mächtig, da musste ich tiefer eindringen und länger verweilen, als es beim Lesen möglich war, und ich begann es abzuschreiben, es war die Bibel. Und doch schien das alles noch nicht dauernd genug, die Worte wollten noch mehr Gewicht. Da begann ich sie in Metall zu meißeln, in Holz zu schneiden und in große Wandteppiche zu sticken und zu weben, sie wurden in Fresko gemalt und in Bronze gegossen, und es ist immer noch kein Ende, denn diese Worte durchdringen den immer tiefer, der einmal von ihnen erfasst ist, ja, er wird völlig verwandelt davon, das Leben findet seinen Sinn, und der Tod verliert seinen Schrecken."[11]

Nikolaus Ludwig von Zinzendorf ist häufig missverstanden worden mit der Kritik, sein Bibelverständnis sei mit einer Verbalinspiration gleichzusetzen. Er hat vielmehr die aufkommenden Gedanken der Aufklärung wahrgenommen und die Zeitgebundenheit der unterschiedlichen Texte gesehen. Er stand in der Folge der lutherischen Unterscheidung von Geist und Buchstabe. Für Luther wie für ihn war das Bild von Schale und Kern aussagestark. Eins kann nicht ohne das andere sein. Mit den Kernaussagen aber kann direkt heute die Nähe Jesu Christi erfahrbar werden, die für den ganzen Lebensvollzug entscheidend ist. Die Bibel muss den Lebensbezug haben, die praxis pietatis. Die Frömmigkeit hat Hand und

Fuß bekommen. Die neue Bedeutung der Bibel und ihrer unterschiedlichen Texte hatte auch für die äußere Verbreitung Konsequenzen. Druckereien entwickelten einen neuen Seitensatz, statt des Buchstabensatzes, und hohe Auflagen konnten zu sehr günstigem Preis weitergegeben werden.

Der Ziehkasten erinnert, auch wenn ich die Zufälligkeit des gelosten Wortes mit Lächeln handhaben kann, an die bleibende Bedeutung und den uneingeschränkten Wert des biblischen Wortes. Als Ding erinnert der Ziehkasten an die Gleichzeitigkeit eines Wortes für heute. Gleichzeitig mit dem Geist Jesu Christi kann seine lebendige Nähe erfahren werden. In der jetzt gestalteten Form der Losungen hat das Orakelhafte keinen Platz mehr. Zwar spricht jedes Wort für sich. Es braucht keine Auslegung. Doch wird es mit Lehrtext und poetischem Text in einen Gedankenzusammenhang gestellt, der als Faden im Lebensgewebe eine besondere Farbe gewinnen kann. Es ist eine persönliche Auslegung für jeden Tag neu.

Betende Hände

Mit welcher Haltung wird gebetet? So wie das praktizierte Beten selten geworden ist, so sind feste Formen einer äußerlichen Körperhaltung zugunsten der Freiheit einer inneren Konzentration gewichen. Und doch korrespondiert wohl beides, und die Vielfalt von Gebetsarten hat ihre unterschiedliche Ausdrucksform, die beim Stoßgebet noch beliebig sein kann, beim liturgischen Gebet im Gottesdienst eine Übereinstimmung von körperlicher Gebärde und streng vorgegebenem Inhalt fordert.

Das vielfach praktizierte Händefalten, das Ineinanderlegen der Finger beider Hände, signalisiert, dass die Arbeit aus der Hand gelegt ist und jetzt eine Handlung ohne Hände an der Reihe ist. Auch ein Verschränken der Arme, nicht in lässiger Art, kann ein Ausdruck dafür sein. Das Aneinanderlegen der Hände, wie in Dürers Bild, war im Mittelalter die Geste des Untergebenen dem Herrn gegenüber. In der asiatischen Kultur hat es sich als Höflichkeitsgeste gegenseitigen Respekts gehalten.

Das Schließen der Augen hilft zur Konzentration auf den Innenraum der Seele. Das Knien wird über die katholische Praxis hinaus in manchen Gemeinschaften neu entdeckt. Im körperlichen Ausdruck spiegelt sich die geistige Haltung. In ihr klingt das Besondere der Begegnung mit dem Heiligen nach. Es hat in den Religionen der Ehrfurcht Ausdruck gegeben, der bestimmten Vorbereitung für die Nähe zum Göttlichen, auch der Unterscheidung, dass es nicht jedem Menschen möglich ist. Priester müssen genaue Vorschriften beachten, und nur sie dürfen das Allerheiligste betreten.

Im Gebetsritus der Muslime hat die Übereinstimmung von Körper und Geist eine feste, rituelle Form angenommen. Die vorbereitende Waschung von Füßen, Händen, Ohren und Nase ist ein erster Schritt der Konzentration. Beim Gebet in der Moschee zeigt die Abfolge des Stehens mit offenen Händen, des Sich-Verneigens und des Kniens, bei dem mit der Stirn der Boden berührt wird, die Haltungen von Empfangen und Demut Gott gegenüber.

Demut und Unterwerfung ist ein besonderes Kennzeichen des Gebets. Aber auch Offenheit oder die dringende Erwartung von Hilfe und Antwort sind Gebetsäußerungen. Sichtbar wird es am ehesten an den nach oben gereckten Händen. So

wird es von Mose geschildert in seinem alle Kräfte übersteigenden Gebet, bei dem andere ihn stützen müssen.

Eine Aussage sucht die ihr entsprechende Haltung. Mit kniender Haltung und dem Kopf am Boden lässt sich schlecht der Dank ausdrücken, der den Augenkontakt braucht. Umgekehrt sind die erhobenen Augen und Arme nicht der Ausdruck für Demut und Ergebenheit.

Der verborgene Gott bleibt auch den verschlossenen Augen unsichtbar. Geöffnete Augen können bei meditativer Haltung durch die Dinge hindurchsehen und sie transparent machen für eine andere Wirklichkeit. Das Vaterunser mit dem Blick auf das Kreuz zu sprechen, kann eine eigene Gebetserfahrung sein.

Dürers Betende Hände sind zu einer Ikone nicht nur für das Gebet geworden, sondern auch allgemein als Zeichen für Frömmigkeit. So finden sie sich auf Todesanzeigen, Grabsteinen oder Wandschmuck. Die Geste des Bittens, auch das mehrfache Aneinanderschlagen der Hände ist darin eingefangen. Sie weist auf die Bewegung nach außen und oben, in das, was die Person übersteigt, was als erbetene Hilfe nur einer transzendenten Kraft zugetraut wird.

Im Auftrag des Händlers und Ratsherrn Heller in Frankfurt gestaltet Albrecht Dürer 1508 einen Flügelaltar für die Frankfurter Dominikanerkirche. Das Mittelbild soll die Krönung Marias zeigen. Himmlischer und irdischer Bereich waren voneinander getrennt. Im unteren Bereich sind Apostel und Heilige in Betrachtung und Anbetung des Marienbildes im Himmel. Einer der Apostel kniet und hebt betend die Hände zum Himmel. Die Mitteltafel, später nach München verkauft, wurde bei einem Brand der Residenz 1729 zerstört.

In den Skizzen von Dürer waren ursprünglich ein Kopf und die zugehörigen Hände eines Apostels nebeneinander entworfen. Später sind die Skizzen für die bessere Verwertbarkeit im Kunsthandel zerteilt worden. Die Skizze der betenden Hände wird heute in der Albertina in Wien aufbewahrt. Dürer präparierte das Papier selbst mit grünblauer Grundierung. Darauf malte er die Hände, deren Konturen er durch weiß überhöhte Pinselstriche besonders herausarbeitete. Die Skizze wurde zu einem eigenen Kunstwerk. Auch im Detail ist die ganze Person in ihrer Haltung zu ahnen und damit auch die Frömmigkeit Dürers selbst.

Sicher haben die Ablösung von den historischen Entstehungsbedingungen, ebenso wie die Isolierung eines Bildausschnitts dazu beigetragen, dass dieses Motiv zur Ikone des Gebets wurde und des Gedankenraums, der damit verbunden ist, ein Fenster der Transzendenz. Kaum ein Material, in dem die Betenden Hände nicht nachgestaltet wurden, Holz, Metall, Ton, Stoff, Porzellan. Auch aus fremder Kultur kommt es uns wieder entgegen, sofern diese Kultur mit christlicher Tradition in Berührung kam. Aus Südafrika kommt das auf Holz gestaltete Bild dieses Motivs. Das Holz ist durch Brand geschwärzt und die Umrisse wurden hineingekratzt.

Wer sich Dürers Skizze aufhängt, zeigt seine Frömmigkeitshaltung. Beten ist für ihn eine Möglichkeit der Alltagsgestaltung. Kritisch allerdings ist zu fragen, ob das Bild vielleicht das Beten ersetzt. Die Gebetsfahnen oder -mühlen im tibetischen Buddhismus gehören zu eigenen, charakteristischen Phänomenen religiöser Handlung. Im Christentum ist Vergleichbares verdrängt worden. Als Ikone sind die Betenden Hände Teil einer Gesamthaltung. Sie lassen einen weiten Raum für individuelle Eintragungen, gerade weil sie vom Individuellen gelöst sind. Diese Allgemeinheit hat zur enormen Verbreitung eingeladen. Der ursprüngliche Ort in einem Altarbild ist nicht mehr vor Augen. Man weiß nicht, wer hier warum betet. Das öffnet den Raum für unterschiedliche Assoziationen und macht es gleichzeitig schwierig. Beeindruckend ist, dass jeder sich in diese Bewegung nach oben hineindenken kann, die eigenen Hände in die gemalten Hände hineinprojizieren kann, und sein Leben auf Gott ausrichtet.

Das Gefährliche ist, dass diese Hände keinen Körper, keine Person, keine bestimmte Lebenssituation zeigen. Doch hat jedes Gebet ein Vorher und Nachher, ist von spezifischen Situationen nicht zu trennen. Von der faszinierenden Allgemeinheit, die sich bei Betrachtung des Bildes einstellt – So ist Beten –, müsste der Schritt zum Individuellen getan werden: So ist mein Beten. So sind meine eigenen Hände mit den nicht so feingliedrigen Fingern und den Falten und Flecken. Und so brauche ich ganz persönlich diese Bewegung über mich hinaus in meiner unverwechselbaren Situation. Sie verändert sich nicht äußerlich, aber die Hände öffnen das Fenster zur Wirklichkeit Gottes.

Bunte Kreuze

Sie haben eine erste Aufmerksamkeit bekommen, als sich immer stärker ein Interesse auf die Länder des Südens richtete, und die Probleme der damals noch als „Dritte Welt" gesehenen Regionen bewusster wurden. Die ungleiche, gegenseitige Abhängigkeit kam vor Augen. Sie hat in der sich rasant weiter entwickelnden Globalisierung zu den vielen und enorm komplexen Fragen der weltweiten wirtschaftlichen, politischen und kulturellen Zusammenhänge geführt. Auch für die Kirchen richtete sich das Augenmerk auf die Traditionen, die sich in den früheren Missionskirchen aus den europäischen Anfängen zu einer ganz eigenen Gestalt entwickelt hatten. Den westlichen Ursprungskirchen wurde ein Spiegel vorgehalten, in dem sie kritisch sich selbst sehen konnten. Ebenso wurden Impulse aufgegriffen, die zum Nachdenken und Umdenken führten. Die Produktionsvoraussetzungen für Waren und Lebensmittel wurden bewusst. Es sollte nicht mehr selbstverständlich hingenommen werden, dass den Menschen in den Erzeugerländern nur ein Minimum der Bezahlung übrigblieb. Viele Projekte bemühten sich um einen gerechteren Ausgleich und eine angemessene Bezahlung. Handwerkliche und kulturelle Traditionen kamen in den Blick, die mit entsprechender Unterstützung wenigstens ein paar Menschen ein geringes Auskommen ermöglichen konnten.

In El Salvador kannte man es, Holzkreuze in bunten Farben zu gestalten. Nicht nur die Erinnerung an das Passionsgeschehen selbst und die Gestalt des Gekreuzigten wurden auf die Kreuze gemalt, sondern auch andere biblische Szenen oder Bilder mit Personen, der Landschaft und des Alltagsgeschehens fanden auf einem Holz in Kreuzform ihre Darstellung. Solche Kreuze hatten bald eine große Resonanz. Ein Projekt konnte das entstehende Interesse in Deutschland mit der Einrichtung einiger Arbeitsplätze dort verbinden. Inzwischen sind feste, auch wirtschaftliche Verbindungen gewachsen.

Sicher kann man parallel zu dieser Entwicklung auch in unserer Kultur ein anderes Umgehen mit dem Symbol des Kreuzes beobachten. Die Darstellung mit dem Corpus des Gekreuzigten entsprach vieler Orts nicht mehr dem Geschmack. Das Kreuz wurde in den unterschiedlichsten Formen und Materialien gestaltet und war zwar als Kreuz erkennbar, solange nur die Grundform von Längs- und Querbalken sichtbar war, wurde aber immer mehr zum modischen Artikel. Wer es trägt, kann nicht mehr selbstverständlich darauf angesprochen werden, ob sich mit diesem Schmuck ein religiöses Bekenntnis verbindet. Auch ist nicht ausgeschlossen, dass sich mit dem Tragen eine magische Vergewisserung von Schutz verbindet, und das Zeichen die Bedeutung eines Amuletts erhält.

Es wiederholt sich, was zu den „Betenden Händen" als Wandschmuck gesagt ist. Es ist wie ein Nachklang christlicher Traditionen, noch eindeutig zuzuordnen, aber als Zeugnis für den Träger nicht mehr festzumachen. Beim Symbol des Kreuzes kommt die Frage hinzu, ob mit dem Einwandern in den Kontext des Modischen und Gefälligen die zentrale Bedeutung dieses Zeichens verloren geht. Die grausame Hinrichtungsform widersprach schon von Anfang an dem religiösen Gefühl. Auch der Glaube an die Auferstehung kann dem Widerständigen des Todes Jesu nichts nehmen. Es rief außerhalb der christlichen Gemeinden ein Kopfschütteln hervor und die Verwunderung, dass der so zum Tode Verurteilte in dieser seltsamen Sekte der Christen verehrt und ihm göttliche Qualität zugesprochen wurde. Tacitus erwähnt den „unheilvollen Aberglauben"[12] dieser Gruppe, die sich auf Christus beruft, der zurzeit von Tiberius durch den Prokurator Pontius Pilatus hingerichtet worden sei. Das Zeichen des Kreuzes löst Widerspruch aus. Als unterscheidendes Merkmal christlicher Religion ist es bis heute ein zentrales, kontroverses Thema interreligiöser Gespräche.

Aber auch innerhalb der christlichen Gemeinde musste es von Anfang an gedeutet und verstanden werden. Die theologische Anstrengung hat immer weiter begleitet, und der Glaube musste sich mit paradoxen Aussagen dem Verständnis an einen Gott annähern, der im Verborgenen und im Widerspruch wirksam ist. Paulus versucht mit der Umkehrung von Weisheit und Torheit seine Deutung. „Das Wort vom Kreuz ist eine Torheit denen, die verloren werden; uns aber, die wir selig werden, ist's eine Gotteskraft" (1. Korinther 1, 18). Eine gefällige Eindeutigkeit ist dann nicht mehr möglich, und es bleibt ein Glaube im Widerspruch. „Die Juden fordern Zeichen, und die Griechen fragen nach Weisheit, wir aber predigen den gekreuzigten Christus, den Juden ein Ärgernis und den Griechen eine Torheit." (1, Korinther 1, 27 f)

Das Kopfschütteln – angefangen bei den Zeitgenossen – hat sich bis heute durchgehalten. Damals hat es einen Ausdruck in dem Graffiti aus Rom gefunden, auf dem ein Gekreuzigter mit einem Eselskopf gezeigt wird mit der Unterschrift „Alexamenos betet seinen Gott an". Unverständnis ist zu Spott geworden. Immer wieder wurde die Notwendigkeit empfunden, das Widerständige zu glätten und dem Paradox die Spitze zu nehmen. Können die bunten Kreuze sich dem Vorwurf entziehen, die eigentliche Aussage des Kreuzes in das verfälscht zu haben, was gefällig und leicht eingängig ist?

Sie stünden so verstanden in einer Tradition, die schon früher versuchte, das Anstößige zu vermeiden und dem Auge ein gefälligeres Bild zu geben. So hatte man das Kreuz mit Rosen umgeben, eine Bildgebung, die auch im Wappen Luthers zu finden ist, dort mit dem Ineinander von Kreuz, Herz, Rose und Kreis, dem Luther, verbunden mit der weißen und blauen Farbe, eine eigene Symbolkraft gibt.

Das Kreuz mit der Darstellung von Rosen zu verbinden, war eine Bildgestaltung, die bis heute vielfach erhalten ist. Sie ist Hintergrund auch der ornamentalen Umrahmung mancher sogenannter Triumphkreuze, die im Kirchenraum den Lettner vom Kirchenschiff trennen. Sie wurden nicht als Widerspruch zu einer Theologie des Kreuzes gesehen, sondern haben die Aussagen von Karfreitag und Ostern zu einer Einheit aufgehoben. Das Rosenkreuz wurde zum Sinnbild für die Gruppe der Rosenkreuzer, jener sich als christliche Sozietät und Erneuerung der Kirche verstehende exklusive Gemeinschaft, die mit ihrer Mischung von christlichen und humanistischen Idealen den Anspruch der wahren praktischen Ausgestaltung des Christentums erhob und eine Zustimmung der Gelehrten und führenden Personen erwartete und diesen Einfluss auch bekam. Nicht in einer sichtbaren Gemeinschaft, allenfalls in den Logen der Freimaurer, aber besonders in der ideellen Zusammengehörigkeit der Intellektuellen wurde die Rose das Zeichen des Humanen in der Verbindung mit dem Kreuz.

In dem frühen Fragment Goethes „Die Geheimnisse" lässt sich der Einfluss nachverfolgen. Der Wanderer Markus, auf einer Pilgerreise des Lebens, gelangt zu einem Kloster einer eigenen Lebensgemeinschaft, die in ihrer Mitte einen ehrwürdigen Weisen verehrt, der die Lebensweisheit als solche verkörpert und den bezeichnenden Namen Humanus hat. Er ist der Inbegriff des Menschlichen. Am Tor des Klosters sieht der Wanderer das erste Mal das Symbol, das die Lehre und Weisheit der Gemeinschaft ausdrückt, ein Kreuz mit Rosen.

> „Das Zeichen sieht er prächtig aufgerichtet.
> Das aller Welt zu Trost und Hoffnung steht,
> Zu dem viel tausend Geister sich verpflichtet,
> Zu dem viel tausend Herzen warm gefleht,
> Das die Gewalt des bittern Tods vernichtet,

Das in so mancher Siegesfahne weht:
Ein Labequell durchdringt die matten Glieder,
Er sieht das Kreuz, und schlägt die Augen nieder.

Er fühlet neu, was dort für Heil entsprungen,
Den Glauben fühlt er einer halben Welt;
Doch von ganz neuem Sinn wird er durchdrungen,
Wie sich das Bild ihm hier vor Augen stellt:
Es steht das Kreuz mit Rosen dicht umschlungen.
Wer hat dem Kreuze Rosen zugesellt?
Es schwillt der Kranz, um recht von allen Seiten
Das schroffe Holz mit Weichheit zu begleiten."[13]

Die erschreckenden Erfahrungen des 20. Jahrhunderts – und Kriege, Terror und Ausbeutung sind nicht vorüber – haben sicher die Augen dafür geöffnet, dass man dem „schroffen Holz" des Kreuzes nicht ausweichen kann. Theologisch ist Luthers Gegenüberstellung von theologia gloriae und theologia crucis notwendig im Blick. Sie lässt sich nicht harmonisieren. Gerade nicht in Weisheit, Gerechtigkeit oder Güte wird das unsichtbare Wesen Gottes sichtbar, sondern, so die Erläuterung in den Heidelberger Thesen: „Das dem Menschen zugewandte und sichtbare Wesen Gottes ist das Gegenteil des Unsichtbaren, nämlich seine Menschheit, Schwachheit, Torheit, wie 1. Kor. 1,25 von der göttlichen Schwachheit und Torheit spricht. Weil nämlich die Menschen die Erkennbarkeit Gottes aus seinen Werken mißbrauchen, wollte Gott wiederum im Leiden erkannt sein und die Weisheit vom Unsichtbaren durch die vom Sichtbaren verwerfen, damit die, die den in seinen Werken offenbaren Gott nicht verehrten, nun den in Leiden verborgenen verehrten ... Also liegt in Christus dem Gekreuzigten die wahre Theologie und Erkenntnis Gottes."[14]

Im Nachdenken über das Kreuz bleibt die Wahrnehmung des Leidens und der Glaube unaufhebbar, dass im Leiden Gott selbst da ist. Mit dem Ausdruck „Der gekreuzigte Gott" (Jürgen Moltmann) ist es jedem religiösen Gefühl widerstrebend gesagt. Es ist ein Ärgernis und nicht erbaulich. Aber diese „‚Religion des Kreuzes', wenn man sie überhaupt so nennen kann, ... bringt durch dieses Ärgernis Befreiung in eine unfreie Welt. In einer Kultur endlich, die nach dem Leistungs- und Genußprinzip aufgebaut ist und darum den Schmerz und den Tod privatisiert und aus ihrer Öffentlichkeit verdrängt, damit man im Ernstfall die Welt überhaupt nicht mehr als Wiederstand erleben muss, ist weniges so unpopulär, wie die Vergegenwärtigung des gekreuzigten Gottes durch den Glauben ... Das Kreuz in der Kirche ist also so selbstverständlich nicht, wie es der christlichen Gewöhnung vorkommen mag. Das Kreuz in der Kirche symbolisiert einen Widerspruch, der von dem Gott, der ‚draußen' gekreuzigt wurde, in die Kirche hineinkommt."[15]

Im Zeichen des Kreuzes ist das Symbol des Todes mit dem Symbol des Lebens verflochten. Es konnte die Erinnerung an die Überwindung des Todes ebenso sein, wie das Bild von Martyrium und Leiden. Immer musste es in der Beziehung zu denen gesehen werden, die sich unter diesem Zeichen versammelten. Es blieb nicht in einer Atmosphäre sakraler Isolierung vom Alltag. Die Not des Gekreuzigten wiederholte sich in den Bedrängnissen und den Leiden der in der Gegenwart Leidenden. So konnte das solidarische Handeln zu einer praktischen Konsequenz einer Kreuzesnachfolge werden. Es war der sinnbildliche Ausdruck für das, was das Gleichnis vom Endgericht sagt: *Was ihr getan habt einem von diesen meinen geringsten Brüdern, das habt ihr mir getan.* (Matthäus 25, 40)

Das Kreuz handhabbar zu machen, mit ihm ein Zeichen für Hilfe und Rettung zu verbinden, es wie ein Amulett zu verstehen, entspricht wohl dem tiefen menschlichen Bedürfnis nach fassbarer Sicherheit und der Vergewisserung einer göttlichen Kraft. Dieser Wunsch verbindet Religionen über die Grenzen ihrer Form und Geschichte hinaus. Gott selbst in dem Zeichen des Leidens anwesend zu glauben, ist das Unverwechselbare des christlichen Glaubens. Beides hat Bonhoeffer in seinem Gedicht *Christen und Heiden* auf diese Weise ausgedrückt:

Christen und Heiden

Menschen gehen zu Gott in ihrer Not,
flehen um Hilfe, bitten um Glück und Brot,
um Errettung aus Krankheit, Schuld und Tod.
So tun sie alle, alle, Christen und Heiden.

Menschen gehen zu Gott in Seiner Not,
finden ihn arm, geschmäht, ohne Obdach und Brot,
sehn ihn verschlungen von Sünde, Schwachheit und Tod.
Christen stehen bei Gott in Seinen Leiden.

Gott steht zu allen Menschen in ihrer Not,
sättigt den Leib und die Seele mit Seinem Brot,
stirbt für Christen und Heiden den Kreuzestod,
und vergibt ihnen beiden.[16]

Deshalb sehe ich bei den Kreuzen aus El Salvador durch das Bunte hindurch. Es finden Alltagssituationen Darstellung, in denen unsichtbar auch die Kreuze des Lebens zu finden sind. Zuerst entstanden in der Zeit der Diktatur, die wie in anderen lateinamerikanischen Ländern auch die Unterdrückung und Ausbeutung der Armen brutal fühlbar gemacht hat, ist nach Änderung der politischen Situation der Gegensatz von Arm und Reich nicht überwunden – auch nicht die Abhängigkeit von den westlichen Industrieländern und der damit verbundenen wirtschaftlichen Aussichtslosigkeit. So gesehen sind die Kreuze nicht das Übertünchen und Verdrängen der realen Lebenssituation. Sie öffnen eher den Raum von Lebensfreude und -hoffnung, die ein Ausdruck für Erlösung sind.[17]

Der kleine Engel

„Sehen Sie hier, ich habe den kleinen Engel immer auf dem Nachttisch stehen." Im Krankenhaus zeigt die Patientin auf die kleine bronzene Figur, keine 10 cm groß, die Hände wie zum Segen erhoben. Ich hatte ihr den Engel vor ein paar Tagen gebracht, als sie vor einer Operation von Angst umfangen war. Es sollte ein Hinweis auf die Kraft sein, die auch in dieser Situation stärken kann, auf eine Geborgenheit, die auch in Ängsten noch wirksam sein kann. Sie hatte die Figur mit Dankbarkeit in ihre Hand geschlossen – und später gesagt: „Ich verstehe das gar nicht. Immer wenn ich den Engel in der Hand halte, wird er von selbst ganz besonders warm." Auch Schwestern in der Pflege hatten den Engel für sich erbeten und steckten ihn in die Tasche ihres Kittels. Mit dem Griff danach war in Momenten der Belastung etwas Beruhigung da.

In den Werkstätten des Klosters Maria Laach werden die Figuren aus Bronze gegossen und von der Hamburger Gruppe *Andere Zeiten* angeboten, der Gruppe, die zuerst mit der Aktion *Der andere Advent* eine neue Gestaltung dieser Zeit im Kirchenjahr angeregt hatte und inzwischen viele Ideen zu einer bewussten Alltagsgestaltung weitergibt.

Sonst braucht es vielleicht Momente der Ruhe und des Alleinseins, um eine tiefere Dimension und eine heilige Kraft zu spüren oder sich mit einem Stoßgebet dieser Kraft anzuvertrauen. Hier kann es sich im Augenblick des Fühlens übertragen, eine Sekunde der Vergewisserung, die sagt: *Ich bin nicht allein. Ich bin umgeben von der segnenden, leitenden Kraft der Engel.*

Das Wort aus dem 91. Psalm ist zu einem besonders beliebten zu vielen Gelegenheiten geworden: *Gott hat seinen Engeln befohlen, dass sie dich behüten auf allen deinen Wegen.* Engel sind in einer Vielfalt von Bildern und Figuren ein Ausdruck für die Erfahrung des Heiligen geworden, die für den Menschen in dieser Weise leichter fassbar ist als die Vorstellungen eines Gottesbildes. Als solche Vermittler sind die Engel durch die Zeiten der Tradition verstanden worden.

Was vielen in die Kindheit scheint, ist doch eine Erfahrung, die nicht auf das Kindsein beschränkt ist. Es ist der Ausdruck für ein Angewiesensein, das als Grundbestimmung für den Menschen jederzeit erinnert werden kann. So ist es

zu verstehen, dass das Kindergebet von den vierzehn Engeln durch alle Lebenszeiten anspricht.

Abendgebet

Abends wenn ich schlafen geh,
vierzehn Engel bei mir stehn,
Zwey zu meiner Rechten,
Zwey zu meiner Linken,
Zwey zu meinen Häupten,
Zwey zu meinen Füssen,
Zwey die mich decken,
Zwey die mich wecken,
Zwey die mich weisen
In das himmlische Paradeischen.[18]

Es sind besondere Kräfte, an die bewusst gedacht werden kann und deren Hilfe erbeten wird. Dietrich Bonhoeffer hat sie in das Bild der guten Mächte gefasst.

> *Von guten Mächten wunderbar geborgen, erwarten wir getrost, was kommen mag. Gott ist bei uns am Abend und am Morgen und ganz gewiss an jedem neuen Tag.* (EG 65, 1.7)

Bonhoeffer hat dieses Gedicht am 19.12.1944 einem Brief an seine Verlobte Maria von Wedemeyer beigelegt. Er hat sich dabei daran erinnert, dass tröstende Geborgenheit von Kindheit an den Engeln zugeschrieben wird, deren Nähe und Schutz erbeten wird. „Es ist ein großes unsichtbares Reich, in dem man lebt und an dessen Realität man keinen Zweifel hat. Wenn es im alten Kinderlied von den Engeln heißt: ‚zweie, die mich decken, zweie, die mich wecken‘, so ist diese Bewahrung am Abend und am Morgen durch gute unsichtbare Mächte etwas, was wir Erwachsenen heute nicht weniger brauchen als die Kinder.“[19]

Dieses Kindergebet ist ihm dabei im Gedächtnis, das ihn sicher schon von Kindheit an begleitet hat. Es ist eine Volksüberlieferung, die auch zu Luthers Zeit bereits bekannt war. Die Vertonung durch Engelbert Humperdinck in seiner Oper „Hänsel und Gretel“ ist sicher auch vielen im Ohr. Der Schutz der Engel ist für die beiden Kinder in diesem Märchen besonders nötig. Sie verlieren den Schutz der Eltern, weil die nicht mehr das können, was selbstverständlich und natürlich ist, Kindern zu einem behüteten Leben zu verhelfen. Hänsel und Gretel sind deshalb der zerstörerischen, fremden Macht der Hexe ausgeliefert.

Ob in personifizierter Gestalt oder wie hier als eine Macht oder Kraft vorgestellt, die Engel sind Vermittler der Bewahrung durch Gott, einer schützenden Nähe Gottes. Sie repräsentieren damit die eine Seite des Heiligen, die umfassende Hilfe, die über die Macht des Menschen hinausgeht. In der Rolle der Vermittlung kann in der Vorstellung vom Engel auch die Frage der Selbstständigkeit und der Selbstverwirklichung des Menschen reflektiert werden. Rainer Maria Rilke hat das vielfach in seiner Umsetzung des Engelbildes gemacht.

Aus den Engelliedern:

Ich ließ meinen Engel lange nicht los,
und er verarmte mir in den Armen
und wurde klein, und ich wurde groß:
Und auf einmal war ich das Erbarmen,
und er eine zitternde Bitte bloß.

Da hab ich ihm seine Himmel gegeben, –
Und er ließ mir die leisesten Träume zum Pfand;
Er lernte das Schweben, ich lernte das Leben,
und wir haben langsam einander erkannt ...

Seit mich mein Engel nicht mehr bewacht,
kann er frei seine Flügel entfalten
und die Stille der Sterne durchspalten, –
denn er muß meiner einsamen Nacht
nicht mehr die ängstlichen Hände halten –
seit mich mein Engel nicht mehr bewacht.[20]

Der kleine Engel als Figur in der Hand kann das starke Gefühl der Geborgenheit und einer Hilfe Gottes vermitteln. Und dann geschieht eine eigene Emanzipation. Wie in einem heiligen Raum werden selbstständige Schritte möglich, und der Mensch findet sich wieder in der Ganzheit seiner Person.

Die Sanduhr

Nur noch Dekoration sind die Sanduhren, die man sich in die Wohnung stellt. Sie lösen kaum mehr einen Schauder aus, den vielleicht noch die Bilder vermittelten, die das Gerippe des Todes mit der Sense und dem Stundenglas zeigten, unerbittlicher Hinweis auf die verrinnende Zeit und die Begrenztheit des Lebens. Auch die kleinen Sanduhren haben keine Funktion mehr. Es ist nicht mehr nötig, wegen teurer Gebühren die Länge eines Telefongesprächs zu messen. Auch die Eieruhr wurde vom Küchenwecker abgelöst. Gelegentlich nur noch sind sie in Gebrauch, um die Zeit zum Ziehen für den Tee zu bestimmen.

Als Dekoration lassen sie einen Augenblick über die schnell fliehende Zeit nachdenken, sind vielleicht Anstoß zum Meditieren, haben aber nicht mehr die Aufgabe der Zeitmessung. In alten Kirchen sind manchmal noch an der Kanzel Stundengläser zu sehen. Sie waren bei überlangen Predigten die Mahnung an den Prediger, eine bestimmte Zeit einzuhalten. Der konnte aber durchaus im Überschwang einer begeisterten Rede das Glas umdrehen und sich weitere Redeminuten zugestehen.

Bis ins Mittelalter waren die Sanduhren oder Wasseruhren, ebenso Kerzen, deren Brenndauer man genau bestimmen konnte, die üblichen Zeitmesser. Ein großer Entwicklungsschritt war die Entwicklung der ersten mechanischen Uhren. Räderuhren, die mit Gewicht und Hemmung arbeiten, sind zuerst an der Wende vom 13. zum 14. Jahrhundert nachgewiesen worden. Interessanterweise lösen sie besonders für den klösterlichen Gebrauch die bislang üblichen Sand- und Wasseruhren ab. Die mechanischen Uhren sollen die Einhaltung der Gebetszeiten unterstützen. Auch in der Anfangszeit sind es nicht nur Schlagwerke für die Stunden, sondern in den großen Kirchen werden die hoch komplexen Uhrwerke mit astronomischer und kalendarischer Mechanik gebaut. Erst später verselbständigt sich die Messung der Uhrzeit, und immer kleinere Geräte werden entwickelt bis hin zur Taschenuhr im 16. Jahrhundert. Dass zu Beginn des Spätmittelalters die Räderuhr entsteht, ist gleichzeitig ein Ausdruck für ein neues Zeitverständnis. Denn woher kommt ein Interesse an einer Genauigkeit für die Zeitmessung, wenn doch der christliche Glaube die Bedeutung der Gegenwart gering wertet gegenüber der Ewigkeit Gottes und eines zukünftigen, jenseitigen Lebens? Eine Veränderung der eschatologischen Erwartung scheint der Grund dafür. Von den großen Zeiträumen wendet sich der Blick auf die überschaubaren

Abstände von Stunden, Tagen und Wochen. Ein anderes Umgehen mit der Zeit entwickelt sich.

Eine radikal neue Exaktheit der Zeitmessung ergab sich mit der Entwicklung der durch Funk gesteuerten Uhr. Eine mit den Mitteln von Cäsium-Atomen arbeitende Uhr, deren Genauigkeit, wie errechnet wurde, erst nach 150.000 Jahren um eine Sekunde abweicht, sendet ihr Signal an die Uhren, die es durch Funk empfangen können. Alles Nachstellen wird unnötig, auch die Umstellung von Sommer- und Winterzeit.

Das Messen der Zeit in Nanosekunden hat ein qualitativ anderes Zeitempfinden zur Folge. Vergangenheit und Zukunft sind auf eine eng getaktete Gegenwart reduziert. Auch die Unterscheidung von Zeiten, von einem Rhythmus für den Tageslauf mit Wachen und Schlafen, Arbeitszeit und freier Zeit wird nivelliert, genauso wie der wöchentliche Wechsel von Werk- und Feiertagen, weil die unaufhörlich gleichmäßige Bewegung des Zeigers Zäsuren einebnet. Diese Verdichtung und Konzentration auf die Gegenwart ist von neuer Brisanz. Es ist der Beginn zur Mystifizierung der Zeit, einer Verselbstständigung und Apotheose der Zeit, die bei den Griechen mit den unterschiedlichen Gestalten von Chronos und Kairos wenigstens noch qualitativ unterschieden wurde, jetzt aber wie eine einzige Schicksalsmacht erscheint, der ein Mensch unbarmherzig ausgeliefert ist. Nicht er hat Zeit, sondern die Zeit hat ihn in der Hand.

Die Sanduhr kann zu Langsamkeit und Besinnung anhalten. Auch wenn sie das Symbol des Gottes Chronos ist, der für das lineare Fortschreiten der Zeit steht, kann doch ein Zögern nach dem Auslaufen des Sandes zugleich an das Auslaufen und Stehenbleiben der Zeit erinnern – ebenso an den Gott Kairos, der bei den Griechen wie ein Athlet mit nacktem, eingeöltem Körper dargestellt wird. Eine Haartolle weist von seinem sonst kahlen Kopf nach vorne. Wem der Gott entgegenkommt, der muss ihn beim Schopfe packen, wie noch die Redensart vom Ergreifen einer Gelegenheit sagt.

In das Verrinnen der Zeit kommen die Momente der gefüllten und geprägten Augenblicke. Beides macht das bewusste Erleben von Zeit aus. Die funkgesteuerte Uhr bleibt nicht stehen. Auch nach dem Batteriewechsel stellt sie sich sekundengenau ein. Das Gefühl aber lässt Zeit stehen bleiben. In die nach Chronos ablaufende Zeit, die chronometrisch gemessene, kommen die besonderen Gelegenheiten, die das Zeitempfinden dehnen und die Gegenwart scheinbar unendlich machen.

Eine ganz andere Uhr habe ich noch vor Augen. Es ist eine normale Armbanduhr mit dem alten mechanischen Werk, das mit einer Feder aufgezogen wurde. Sie hatte wie immer üblich neben den Ziffern für Minuten und Stunden einen kleinen Sekundenzeiger. Hier aber ist das Glas zersprungen, das Zifferblatt zerbrochen, der Sekundenzeiger verloren, das Metall aufgesprungen. Die Zeiger stehen auf 8 Uhr 16. Die Uhr wird in einem Museum in Hiroshima aufgehoben und gezeigt. Wer sie trug, namenlos, ist am 6. August 1945 umgekommen, als die Atombombe über Hiroshima gezündet wurde. Die Uhr wurde später gefunden. 8 Uhr 16 – angehaltene Zeit. Es ist die Stunde Null unseres Zeitalters.

Wie nach Christi Geburt lässt sich die Zeit auch nach Hiroshima einteilen. Es wäre die dringende Erinnerung, sich mit Kräften für den Frieden und die Bewahrung der Welt einzusetzen. Und es wäre weiter die mahnende Erkenntnis, dass der Mensch nicht Herr über die Welt und über die Zeit ist. Es würde den demütigen Umgang mit allem einfordern. Im Jakobusbrief ist die Warnung so gesagt: „Und nun, die ihr sagt: Heute oder morgen wollen wir in die oder die Stadt gehen und wollen ein Jahr dort zubringen und Handel treiben und Gewinn machen – und wisst nicht, was morgen sein wird. Was ist euer Leben? Ein Rauch seid ihr, der eine kleine Zeit bleibt und dann verschwindet. Dagegen solltet ihr sagen: Wenn der Herr will, werden wir leben und dies oder das tun.“ (Jakobus 4, 13-15)

Die *conditio Iacobaea*, diese Bedingung des Jakobus, kann das Umgehen mit der Zeit bestimmen: *Wenn der Herr will* ... Es ist ein Hinweis auf die Dringlichkeit des Handelns und die Notwendigkeit, die Zeit auszukaufen. Denn Gott will den Frieden und die Erhaltung der Welt. Und es ist gleichzeitig eine Entlastung. Denn alle Pläne sind begrenzt. Die verrinnende Zeit der Sanduhr zählt auch als Zeit nach Christus, der Versöhnung und Erlösung gebracht hat.
Gegen die immer rasanter werdende Zeitknappheit kann eine Gelassenheit gesetzt werden, die ihren Grund außerhalb aller Zeitgebundenheit findet. So beschrieben von Andreas Gryphius:

> *Mein sind die Tage nicht, die mir die Zeit genommen.*
> *Mein sind die Tage nicht,*
> *die erst noch werden kommen.*
> *Der Augenblick ist mein, und nehm' ich den in Acht,*
> *so ist der mein, der Zeit und Ewigkeit gemacht.*[21]

Die Weihnachtspyramide

Rechtzeitig wird sie behutsam aufgebaut, die Etagen mit den Figuren der Geburtsgeschichte, das Kind, Maria und Josef, die Hirten, die Könige, dazu die Tiere, Schafe, Ochs und Esel, Kamele, manchmal sogar ein Elefant. Und im oberen Kreis die Engel. Und eine dritte Fläche kann dabei sein, oft mit den Menschen der eigenen Region, den Handwerkern und Bauern, den Frauen mit den Trachten aus der Tradition, die bei festlichen Anlässen wieder getragen werden. Im Erzgebirge ist das kunstfertige Gestalten der Pyramiden entstanden und wird von den Holzschnitzern bis heute weiter gepflegt. Für viele ist sie Teil der Ausschmückung zu Weihnachten und neben dem Licht der Kerzen vom Weihnachtsbaum werfen die sich drehenden Flügel den Wechsel von Licht und Schatten an die Wand. Das Kind steht einen Augenblick fasziniert vor dieser besonderen Bewegung. Selbst noch ungeübt für das Gegenüber von Bewegung und Stillstand und eher gereizt zur Beschleunigung ist die Frage im Kopf, wann denn wohl die Könige die Hirten überholen, und wer zuerst zur Krippe kommt. Der zu Streichen aufgelegte Junge stellt dann auch schon einmal mehr Kerzen auf, um die Geschwindigkeit zu erhöhen.

Die wandernden Schatten, der Wechsel von Licht und Dunkel – die besinnliche Atmosphäre stößt das Nachdenken über Wiederholung und Einmaligkeit an. „Alle Jahre wieder“ beginnt der Versuch, dem einmal geschehenen Wunder der Nähe und Sichtbarkeit Gottes zu begegnen. Es geschieht immer wieder und ist immer wieder neu. Es ist ein Augenblick der Ruhe in der Bewegung. Es ist aber mehr als die Abnutzung durch das stets Gleiche. Was die mühsame Wiederholbarkeit des Alltags ausmacht, darf nachklingen, wird aber in das Licht der wiederholten Einmaligkeit einer überwältigenden Geschichte gestellt. Gott dreht sich mit. Das Kind in der Krippe ist immer schon voraus. Wann werden die Hirten, die Könige, die Männer und Frauen es einholen? Und es kommt nach. Es folgt dem Lebenskreis, den jeder und jede einzelne in Wiederholung und Einmaligkeit dreht.

Das Osterwasser und das gebackene Osterlamm

Mit großen Feiertagen haben sich Traditionen und Gebräuche verbunden, die eine Fülle von Beispielen für das Ineinander von religiöser Herkunft und volkstümlichem Umgang damit zeigen. Eine Grenze von sakralem und profanem Bereich muss nicht streng beachtet werden. Der Segen aus dem Raum der Kirche soll in den Alltag wirken, und umgekehrt können Gegenstände des Hauses einen Wert erhalten, wenn sie in die Kirche gebracht und geweiht werden. In manchen Orten wurden zu Ostern der Hefeteig und die Ostereier in die Messe mitgenommen. Oder man brachte das Osterwasser, um es als besonders segensvolles Weihwasser wieder zu Hause zu haben. Man füllte das eigene Weihwasserbecken. Die Bauern haben damit das Vieh besprengt.

Um das Osterwasser zu gewinnen, brauchte es das genaue Befolgen bestimmter Vorschriften. Es musste in der Osternacht aus einer Quelle geschöpft werden, allerdings schweigend, und auch ohne Worte musste es nach Hause gebracht werden. Schnell kommt auch der Schabernack dazu. Die Jungen versuchten die Mädchen zu necken und zum Lachen zu bringen. Deshalb hieß es auch Plapperwasser. Aber war es vorschriftsmäßig nach Hause gebracht und in der Kirche geweiht, dann blieb es das ganze Jahr frisch und verlieh Gesundheit.

In der Osternacht bündeln sich die zentralen Aussagen des christlichen Glaubens. An die Schöpfung wird erinnert, an den Exodus des Volkes Israel und die Befreiung und an Tod und Auferstehung Jesu. Daran erinnert die Taufe, die besonders in der Osternacht Teil der Feier sein kann.

Mit der Schöpfung verbindet sich die Dankbarkeit, dass wir das Leben haben. Die aufgehende Sonne des Ostermorgens spiegelt sich in jedem Wassertropfen. Aber das Leben in der Reinheit wird nicht bewahrt. Der Mensch missbraucht seinen Raum und fällt aus dem Paradies heraus. Die Freiheit schlägt um und wird zur Ausbeutung der Natur und des Menschen. In der Geschichte Israels ist die Erinnerung an eine neue Befreiung verbunden mit dem Loskommen von der Unterdrückung in Ägypten und dem gefährlichen Übergang durch das Rote Meer.

Es kann ein Bild für einen Lebensweg sein. Es kann die Erfahrung sein, dass in der Gefährdung und der Angst, in einer Sackgasse nicht mehr weiterzukommen, das Wunder geschieht und eine Erlösung da ist, als ob das Wasser sich teilt. Doch auch das ist nicht endgültig. Der Weg führt weiter durch die Wüste, und oft kommt die Sehnsucht auf, zurückzukommen zu den alten Verhältnissen. Und wieder erscheint unerwartete Hilfe mit einer wundersamen Speise. Das Manna ist jeden Tag neu, und es reicht aus als tägliches Brot heute.

Diese ganze Segensgeschichte ist noch einmal konzentriert im Wasser der Taufe. In der Osternacht werden die Täuflinge in weißen Gewändern getauft. Sie werden in den Tod und die Auferstehung Christi getauft. Die Lebensgrenze ist überwunden und eine Begleitung für den Lebensweg da. Das empfangene Wasser lässt jeden Einzelnen wieder selbst belebendes Wasser für andere sein. Es lässt bestätigend singen:

> *Wo ein Mensch Vertrauen gibt, nicht nur an sich selber denkt,*
> *fällt ein Tropfen von dem Regen, der aus Wüsten Gärten macht.*
> (EG Hannover 630)

Wo er den anderen sieht, wo er sich selbst verschenkt, und bei so vielen Gelegenheiten friedlicher Gemeinschaft: Einer wird dem anderen belebendes Wasser.

II. Kleine Kram- und Dingtheologie

Sakramente, Reliquien, Dinge von eigenem Wert

Ein Journalist, nach seiner Einstellung zur Kirche befragt, antwortet etwas schnell, aber bedenkenswert: *Auf alles können Menschen verzichten, aber nicht auf Liebe, Schlaf und die Sakramente.*
Auf Liebe – natürlich nicht. Seit dem grausamen Experiment, das Kaiser Karl dem Großen zugeschrieben wurde, ist das drastisch vor Augen. Kleinkinder sollten zwar mit Nahrung und Kleidung versorgt werden, aber emotionale und sprachliche Zuwendung und wärmende Liebe war den Betreuenden streng untersagt. Die Kinder sind gestorben.
Auf Schlaf – eine der vielen und schlimmen Foltermethoden ist der Schlafentzug, die Gefolterten über 48 Stunden stehen zu lassen und sie immer wieder wach zu schreien.

Liebe und Schlaf sind Grundbedürfnisse des Menschen.

Aber die Sakramente? In der Kirche sagen wir natürlich: *Sie gehören unverzichtbar dazu.* Bei denen jedoch, die etwas außerhalb stehen und ihre Distanz zum Ausdruck bringen, ist die kritische Haltung gegenüber dieser besonderen Form aus der Glaubenstradition bald gesagt. Aber kirchlich und theologisch geurteilt ist wohl zu konstatieren: *Der Journalist hat recht.* Und das ist zu erläutern. Für den Glauben ist klar, dass die Menschen auf Sakramente nicht verzichten können. Sie sind lebensnotwendig, im wörtlichen Sinn. Sie wenden die Not des Lebens.

Sie sind die schmalen Fenster, vielleicht nur Gucklöcher, durch die Wände des Lebens, die manchmal Gefängniswände sind. Bei aller Freizügigkeit, mit der wir uns bewegen, wir kennen unsere Grenzen, und es ist gut hinter den Grenzen Gott zu sehen. Die Sakramente sind die Fenster, sind das Ankommen Gottes bei uns. Unsere Vorfahren haben davon gewusst und haben auch geahnt, dass eine Begegnung mit Gott nicht ungefährlich ist. Dafür sind die biblisch geschilderten Erlebnisse mit der Nähe Gottes zu eindrücklich. Das Heilige blendet und lähmt. Man kann sich ihm nur unter größter Vorsicht nähern, oder es ist eine besondere Gnade, wenn überhaupt eine Erfahrung der Nähe gewährt wird, so wie Mose mit seiner Bitte um Gottesnähe nur Gott hinterher sehen kann. „Denn mein Angesicht kann man nicht sehen." (Exodus 33, 23)

Beim Umgang mit den Sakramenten haben frühere Generationen noch die Vorsicht und Zurückhaltung für diese Begegnung festgehalten. Es gab feste Regeln, so im protestantischen Bereich die Beichte vor dem Empfang des Abendmahls. Auch das sehr seltene Praktizieren hing damit zusammen. In vielen Orten wurde nur an Karfreitag zum Abendmahl gegangen. Mit dem heiligen Schauer bekam so das Sakrament einen dunklen Anstrich.

Aber die Begegnung mit dem Heiligen hat auch immer schon eine befreiende Wirkung gehabt. Das Guckloch durch unsere Wände bringt Licht in die dunkle Zelle, verändert das begrenzte Leben. Diese Befreiung wurde auch im Umgang mit den Sakramenten neu entdeckt. Es war die Einladung, die Geheimnisse Gottes immer wieder zu buchstabieren und Glaubenserfahrungen gemeinsam zu machen und miteinander auszutauschen. Eine Hilfe dabei ist es, auch über die eigenen regionalen und kulturellen Grenzen hinaus zu sehen.

Das Abendmahl wird in einem Slum in Lateinamerika gefeiert. Es ist die Form der katholischen Messfeier. Die Leute erwarten den Priester. Sehr viele Kinder sind da. Der Priester kommt mit zwei Messdienern, Jungen in schmutzigen Kitteln. Er sieht müde aus. Er hat schon zwei Messen gelesen. Hier im Slum gibt es nicht genügend Priester. Sie möchten lieber reichere Gemeinden betreuen. Die Messe muss unter freiem Himmel gelesen werden. Die Kinder rufen: „Padre, Padrecito". Sie erwarten viel von ihm. Er hat fünf lange Weißbrote mitgebracht. Man stellt einen wackligen Tisch auf den Platz. Er legt die Brote darauf. Niemand stiehlt sie, obwohl alle hungrig sind. Der Priester liest die Messe. „Das ist mein Leib", sagt der Priester und hebt eines der Brote hoch. Dann reicht er es in die Menge. Jemand bricht es durch, der nächste teilt die Hälfte, und so wird es weitergereicht. Die Teile werden kleiner und wandern von Hand zu Hand. Andächtig werden sie in den Mund geschoben, mit geschlossenen Augen lange gekaut. Gott ist im Brot, auch in dem kleinsten Stück. Für manche, die die Messe mitfeiern, ist es die einzige Nahrung an diesem Tag.

Wenn ich beim Abendmahl das Brot empfange, auch wenn es die wenig brotähnliche Hostie ist, denke ich an diese Geschichte aus ganz anderer Umgebung. Wir brauchen das Brot zum Lebensunterhalt. Und doch lebt der Mensch nicht vom Brot allein, wie Jesus es dem Versucher entgegenhält.

Das bisschen Brot des Sakraments kann auch realen Hunger stillen. Das erfahren die Gemeinden in Lateinamerika. In alten Vorschriften wurde bei uns etwas von dem Gegenüber von Hunger und Nahrung bewahrt. Es galt vor und nach dem Abendmahl zu fasten. Der Hunger des Lebens soll wirklich und übertragen gestillt werden, mit dem kleinen Stück Brot, in dem die Gegenwart Gottes ist.

Das Brotbrechen beim Abendmahl weist symbolisch auf die Aufgabe hin, die uns gestellt ist: teilen und abgeben, sich umsehen und wahrnehmen, wo der Mangel ist, realen Hunger zu stillen. Das Brot kann das Zeichen für die Mühe des Alltags sein. Die Arbeit des Bäckers steckt darin, der morgens um 2 Uhr den Teig ansetzt, die Mühe der Menschen, die mir den Tisch decken. Schon morgens bin ich mit der ganzen Welt verbunden. Auch die eigene Anstrengung, einen Tag nach dem anderen zu gestalten, wird bewusst. Es gilt beides: Ich muss um das tägliche Brot bitten und weiß, wie vielen es vorenthalten wird. Und ich höre, dass der Mensch nicht vom Brot allein lebt, aber von dem Brot, das zum Zeichen der Gegenwart Gottes wurde. Das Brotbrechen war das charakteristische Merkmal der ersten Christengemeinden. „Sie blieben beständig in der Lehre der Apostel und in der Gemeinschaft und im Brotbrechen und im Gebet, und sie hatten alle Dinge gemeinsam" (Apostelgeschichte 2,42 f). Wir sind in allem versorgt und können deshalb teilen und abgeben.

Dann kann der Kelch und das „Gewächs des Weinstocks" das Zeichen eines großen Festes sein, dafür, dass eine überfließende Barmherzigkeit in diesem Fest Gottes zu erfahren ist. Es ist das unbeschwerte Feiern nach der Befreiung von Lasten. Zu ahnen ist davon in den Berichten, wie Menschen Jesus erfahren, wie sie seine Gemeinschaft mit Außenseitern erleben. Viele konnten mit der neuen Freiheit nichts anfangen und brauchten eher das Gefängnis der Vorschriften. In den kleinen Festen war ein Vorgeschmack des großen Festes zu spüren, das mit *Reich Gottes* bezeichnet wird. Im Kelch steckt für mich die Ansage und die Verheißung für die Zukunft.

Natürlich sind wir von der urchristlichen Gleichheit weit entfernt. Jedoch stehen sich jetzt Zornige oder Zufriedene, Reiche und Arme, Frauen und Männer, Alte und Junge nicht mehr abwehrend gegenüber, sondern bilden eine Gemeinschaft. Genügend Konfliktstoff ist da, um sich anzugreifen und vom Ideal der Gleichheit abzuweichen. Sie soll auch nicht Überforderung und Illusion werden. Aber die Ungleichen können sich zusammenfinden und die zukünftige Welt vorwegnehmen.

Die theologischen Differenzen, die zu den konfessionellen Trennungen geführt haben, sind nicht aufgehoben. Die praktische Erfahrung macht jedoch eine neue Begegnung möglich. Durch das Fenster des Sakraments zeigt sich die Nähe Jesu, die kaum näher zu denken ist, mit der prophetischen Zusage, dass die Hungrigen satt werden. Das Fest der Unterschiedlichen verbindet unsichtbar an der Festtafel Gottes.

Die Möglichkeiten der Begegnung mit dem Heiligen im Alltag sind zahllos und zeitlos. Sie sind aber nicht verfügbar. Das religiöse Gefühl weiß auch etwas von der erwähnten Gefährlichkeit einer Begegnung mit Gott. Bestimmte Riten sind nötig, um vor der vernichtenden Kraft göttlicher Nähe zu schützen. Der Schritt aus dem Profanen in einen heiligen Raum braucht Vorbereitung und die Haltung empfangender Demut. Umgekehrt, wenn das Göttliche in die Welt eintritt, ist das Gewohnte sofort angehalten und unterbrochen. Es geschieht eine Öffnung eigener Art, für die ein Getroffener sich bereitmachen oder verschließen kann. Es tritt ein, was Johann Baptist Metz mit dem einen Wort bezeichnet. Die kürzeste Definition von Religion, so sagt er, ist *Unterbrechung*.

Die Vielfalt solcher Unterbrechungen zeigte sich schon an den beschriebenen Gegenständen. Sie werden transparent auf eine tiefere Wirklichkeit hin. Sie werden zu einer Metapher für das Heilige und zu einem Augenblick des Staunens über das Geheimnis Gottes, oder sogar zu einem Symbol für die Gegenwart Gottes, mit dem sich der Raum zum Sakralen öffnet. Einzelne Momente verdichten sich zu festen Formen, die mit Ritualen die Flüchtigkeit festhalten und aus der Einmaligkeit einer Erfahrung möglicherweise wiederholbare Begegnungen machen. Aus einzelnen Eindrücken wird ein Kontinuum einer tieferen Wirklichkeitsebene. Ein eindrucksvolles Beispiel beschreibt Leonardo Boff in der Widmung seiner außergewöhnlichen „Kleinen Sakramentenlehre“:

„Ich widme dieses Büchlein dem Gebirgszug, der immer wieder meine Fenster besucht.
Manchmal brennt die Sonne auf ihn, manchmal streichelt sie ihn.
Häufig straft ihn der Regen.
Nicht selten hüllt sanft der Nebel ihn ein.
Niemals jedoch habe ich gehört, dass er sich über die Hitze oder die Kälte beklagt hätte. Noch nie hat er ein Entgelt für seine majestätische Größe verlangt. Auch will er keinen Dank. Er gibt sich einfach. Ganz umsonst. Dabei ist er keineswegs weniger majestätisch, wenn die Sonne ihn liebkost,

als wenn der Wind ihn geißelt. Es ist ihm gleich, ob
man ihn anschaut. Auch stört es ihn nicht, wenn man
ihn erklimmt. Er ist wie Gott:
Er trägt alles, erleidet alles; alles nimmt er an.
Gott verhält sich wie er.
Deshalb ist der Gebirgszug ein Sakrament Gottes:
offenbart, bringt in Erinnerung, liefert Hinweise und
verweist auf andere Horizonte.
Da er also so ist, widme ich ihm dankbar dieses Büchlein.
Hier soll der Versuch gemacht werden, sakramentale Sprache zu sprechen,
die er zwar nicht spricht, die er – was viel mehr bedeutet –
aber selber ist."[22]

Der Blick auf die Landschaft, gewöhnlich nur wahrgenommen als Hintergrundbild beim Blick aus dem Fenster, wird in Momenten zum tiefen Erlebnis der Gegenwart Gottes. Das Fenster öffnet sich nach innen und lässt die Erfahrung des Transzendenten ein.

Es ist ein individueller Eindruck. Andere hätten vielleicht nicht die religiöse Sensibilität, mit dem Blick auf ein Gebirge das tiefe Berührtsein zu empfinden und könnten sachlich die natürlichen und geographischen Besonderheiten sehen. Ist das religiöse Gefühl objektivierbar?

Im Laufe der Geschichte musste es die Weiterentwicklung von den individuellen, unverwechselbaren Erfahrungen zu den auch für andere zugänglichen, übertragbaren Weisen der Gottesbegegnung geben, ohne die Unverfügbarkeit der Offenbarung Gottes einzuschränken. Auch der erwähnten Gefährlichkeit der Konfrontation mit Gott war es geschuldet, dass feste Formen und Rituale solche Gefahr eingrenzten. Die Orientierung an den Berichten der Evangelien ergab die Einschränkung auf die von Jesus berichteten Handlungen, die als von Gott gewollte verstanden wurden. Nachvollziehbar ist, dass die Konzentration auf einzelne Gegenwartsmomente geweitet wurde und der ganze Lebensvollzug in den Blick kam. So ergab sich zunächst über die individuell erfahrenen Momente hinaus eine Bewusstheit und auch kritische Wahrnehmung dafür, welche Bedingungen die Begegnungen mit dem Heiligen charakterisieren. In der Gesamtheit gottesdienstlicher Handlungen, die alle eine Qualität des *sacramentum* vermitteln, konnten diejenigen unterschieden werden, die in ihrem genau vorgeschriebenen Vollzug Christus selbst als Beteiligten sahen. Das galt nicht für begleitende

Elemente, die sich als kirchliche Traditionen entwickelt haben. So entstand im Mittelalter die Unterscheidung von Sakramenten und Sakramentalien, die Sakramentalien als Bezeichnung für Segenshandlungen oder Prozessionen zum Beispiel, ebenso wie die Gesten der Bekreuzigung und des Kniens. Auch Gegenstände erhalten ihre besondere, geweihte Bedeutung: Weihwasser, Salböl oder Kerzen.

Aus der Vielzahl so geweihter Momente und Begegnungen konnten sich die hervorheben, die von lebensgeschichtlicher Bedeutung waren. So bekamen die dann im Konzil von Trient festgeschriebenen sieben Sakramente ihren festen Rahmen und ihre liturgische Form. Man könnte sie als die biographische Vermittlung der Fenster zur Transzendenz bezeichnen. Mit Taufe und Firmung ist es die Begleitung des jungen Menschen, mit der Ehe der Schritt zur Familie. Die Priesterweihe kennzeichnet den eigenen, in die Verantwortung der Kirche berufenen Weg, übertragen aber auch zu sehen als Sakrament von Beruf und Berufung, eine Ordination für das Leben. Lebensgeschichtlich übergreifend wiederum sind Beichte und Kommunion die wiederholten Augenblicke der Besinnung und Stärkung. Das Sakrament der Krankensalbung begleitet die Grenzen des Lebens und das Lebensende, inzwischen auch nicht mehr nur als Letzte Ölung verstanden, sondern als Stärkung in den sterbensnahen Situationen.

Mit Luthers Konzentration allein auf die Gnade Gottes könnte eine Relativierung oder auch Ablehnung aller Weisen für die Vermittlung dieser Gnade einhergehen. Der radikale Flügel der Reformation mit der Täuferbewegung vertrat die Anschauung einer direkten Beziehung vom Geist Gottes zum Geist des Menschen. Das aber widersprach der Grundeinsicht Luthers, alle Mitwirkung des Menschen abzulehnen und in der Beschreibung des Glaubens das Empfangen hervorzuheben und nicht die eigene Beteiligung. Als Vermittler konnte nur Christus gesehen werden. Als sakramentale Handlungen blieben die Zeichen, die mit ihm in Verbindung gebracht werden konnten. Taufe und Abendmahl waren die Sakramente im eigentlichen Sinn, und sie repräsentierten beides, die Einmaligkeit der Zuwendung Gottes in der Taufe und mit dem Abendmahl die wiederholte Vergewisserung, mit Christus in der Gemeinschaft der Heiligen verbunden zu sein. Nicht ausgeschlossen war, auch der Beichte den hervorgehobenen sakramentalen Charakter zuzuweisen. Hier musste allerdings der Gedanke der Mitwirkung und des eigenen Bewirkens von Vergebung auf Seiten des Glaubenden völlig vermieden sein. Dann konnte die Wirkung in den Alltag gesehen werden, wie Luther es in der ersten der 95 Thesen beschreibt:

Indem unser Herr und Meister Jesus Christus sagte: „Tut Buße" usw. (Mt 4,17) wollte er, dass das ganze Leben der Glaubenden eine Buße sei.

Über den Gesichtspunkt hinaus, mit Taufe und Abendmahl die Verbindung zur Lebensgeschichte Jesu herzustellen, sind diese beiden Sakramente auch in ihrer Dinglichkeit hervorgehoben. Das Wasser, selbst in seiner bedrohlichen Form, wie es bei der Taufe nicht übergangen werden sollte – *Wir sind in seinen Tod getauft*, Römer 6,4 –, ist Lebenselement für den Menschen, wie auch Brot und Wein Alltag und Festzeit für den Menschen begleiten. In ihrer Materialität sind diese Sakramente die Brücke zwischen Profanem und Heiligem. Die radikalere Reduzierung nur auf das Wort, das ausreichend wäre, das Heil anzusagen, ist auch bei Luther zu finden. Was auch die Hochschätzung der Beichte als drittes Sakrament begründet. Aber es ist nicht nur eine Art pädagogischer Hilfe, dem einfachen Glauben mit spürbarer und fassbarer Dinglichkeit entgegenzukommen. Es ist mehr ein tiefes Verständnis dafür, dass die Zusage Gottes den ganzen Menschen ergreift, nicht nur seine Sinne, sondern seine Welt, seinen Alltag.

Umgekehrt ist die Geschichte voll von Beispielen, wie die Abstraktheit von Wort und Zuspruch handhabbar und fassbar – eben dinglich – gemacht werden soll. Dann ist es nur noch ein kleiner Schritt, dass die Fassbarkeit des Wortes in materiellen Dingen für den Glauben eine solche Dynamik entwickelt, dass Dinge ein Eigenleben bekommen und ihre eigene Kraft entfalten. Ein Beispiel ist der Umgang mit den ersten Worten des Johannesevangeliums, das mit seinem „Am Anfang war das Wort, und das Wort war bei Gott, und Gott war das Wort" schon eine eigene mächtige Wirkung erzielt. Sie machte man sich zunutze und verwendete Zettel mit diesem Satz zu magischen Handlungen. Aus der Welt des Sakralen sollte deren Kraft für die Welt des Lebens verwertbar gemacht werden.

Solche Erfahrung kennzeichnet die Geschichte der Reliquien. In den ersten Gemeinden waren diejenigen, die für ihr Bekenntnis zu Märtyrern wurden, das Beispiel dafür, dass eine Lebensgeschichte in der Nachfolge Jesu selbst zum Tod führen konnte. Ähnlich geworden dem heiligen Leben, Sterben und Auferstehen Jesu, machte es diese Personen selbst zu Heiligen. Sie wurden Träger einer ganz eigenen Kraft. Solche Kraft hatte ihre Wirkung über den Tod hinaus, und nicht nur in der gedanklichen Vorstellung. Sie übertrug sich auch auf die Orte, die als Gräber der Märtyrer bekannt waren. Sie wurden schon früh zu Plätzen der Verehrung und zu Zielen für Pilgerwege. An diesen Orten selbst begraben zu werden, in der Nähe der Heiligen, brachte für den Glaubenden die Gewissheit des Heils für das ewige Leben. Nicht nur das, sondern die körperlichen Überreste, die Kleidung, die Gegenstände, die man den Heiligen zuordnen konnte, waren selbst Träger der göttlichen Kraft und konnten als Reliquien für die Lebensgeschichte der späteren Generationen wirksam bleiben. Da, wo eine ansehnliche Sammlung von Reliquien zusammengekommen war, wurde der Ort ein heiliger Ort und der Wunsch, dort begraben zu sein, „ad sanctos" – bei den Heiligen, war ebenfalls Ausdruck der ersehnten Teilhabe an dieser Kraft.

Es ist ein Beispiel für die umwälzende Wirkung der Reformation, dass innerhalb kurzer Zeit die großen Feste der Präsentation der Reliquien, der Heiltumsweisungen, ihre Faszination verloren. Sie waren mit ihrer Anziehungskraft und ihrer überregionalen Resonanz mit heutigen Großereignissen vergleichbar. Die wertvollen Gefäße, die Reliquienbehälter, aus Silber und Gold und kostbarem Material gemacht, wurden, jedenfalls in den protestantischen Gebieten, nur noch in ihrem materiellen Wert gesehen und – wenn nötig – verkauft.

Aber dass Gegenstände mehr sein können, als es nur der Wert des Materials zeigt, ist eine Vorstellung, die nicht verloren geht. Kulturgeschichtlich lässt sich eine Linie verfolgen, die von den Sammlungen der Reliquien in die Sammlungen säkularer Gegenstände hineinreicht. Wertvolle, außergewöhnliche Objekte sind an Königs- und Fürstenhöfen zusammengetragen worden und wurden Teil der Reputation und auch des Dünkels der Mächtigen.

Besondere Gegenstände – herausgenommen aus der alltäglichen Lebenswelt – bekommen schließlich in den Museen der verschiedensten Art wieder einen unverwechselbaren Wert. Es sind noch dieselben Dinge, doch sagen sie jetzt etwas Neues und sind Träger geschichtlicher wie auch gegenwärtiger Bedeutung. So können auch im privaten Bereich materielle Dinge hervorgehoben werden und werden zu einem Teil eines ganz persönlichen Museums des Heiligen.

Der Umgang mit ihnen bewegt sich zwischen der Lust des Habens und dem Loslassen, zwischen Festhalten und Freiheit. Die „Habseligkeiten" versprechen eine Freude an einem schönen Besitz und können doch nicht selig machen. Von Paulus ist das „Haben als hätte man nicht" als eine paradoxe Aufgabe überliefert. Es sollen diejenigen, „die weinen, als weinten sie nicht; und die sich freuen, als freuten sie sich nicht; und die kaufen, als behielten sie es nicht; und die diese Welt gebrauchen, als brauchten sie sie nicht. Denn das Wesen dieser Welt vergeht“ (1. Korinther 7, 19-31). Für das Haben, auch von heiligem Kram, gilt der eschatologische Vorbehalt.

So gilt es, mit den Dingen eine Grenze auszuloten. Das Habenwollen ist eine menschliche Grundeigenschaft. Sie prägt auch den Glauben. Das Haben braucht eine konkrete Gestalt, etwas Anfassbares, Sichtbares. Es muss über das Wort, über Geistiges hinausgehen. Dinge können ihr Recht behalten, aber sie sollen nicht eigenmächtig werden. Es ist ein schmaler Grat zwischen dem Eigenwert und dem Fremdwert. Eigenwert wäre losgelöst von einem Bezug, eine Verselbständigung der Sache. Fremdwert lässt sie eingebunden sein in einen Gebrauch, hat nicht mehr eine Selbstwirksamkeit, braucht Resonanz. So geht der Wert der Dinge über den materiellen Wert hinaus und auch im ideellen Bereich gilt es, an der Grenze von Haben und Haben, als hätte man nicht, entlangzugehen.

„Unsere ‚Habseligkeiten‘ verraten, wo unsere Seligkeit liegt. In der Seligkeit des Habens. Dazu gehört das Einfluss-Haben, das Anerkennung-Haben, das Sicherheit-Haben, Macht-Haben. Aber diese Arten von Habseligkeit enden nie in der Seligkeit, sondern im Mehr-haben-Wollen. Zu den Habseligkeiten gehört auch das ‚Haben‘ eines ‚guten Gewissens‘. Aber das gute Gewissen ist immer – merke: immer – eine Selbsttäuschung wie die anderen Habseligkeiten alle auch.“[23]

LEBENDIG UND
KRÄFTIG
UND SCHÄRFER
(HEBR 4.12)

III. Worte, Zeichen und heilige Momente

1. Das Heilige im Wort

Das unaufhaltsame Wort

Es war ein besonders mutiges Bild auf den Plakaten für den Kirchentag in Köln 2007. Das ursprüngliche Symbol mit dem Fisch, auch als Aufkleber oft gesehen, zeigt: der es nutzt, möchte auch öffentlich sagen, dass er sich als Christ versteht und dass er das Geheimzeichen der frühen Kirche allen offenbart. Es diente in den Zeiten der Verfolgung als versteckter Hinweis auf das Bekenntnis zu Christus. Die Buchstaben des griechischen Wortes für Fisch bilden als Akrostichon die Anfangsbuchstaben der Wörter: Jesus Christus, Gottes Sohn, Retter.

Hier also ist das Fischsymbol verfremdet mit der Haifischflosse. In den wenigen Strichen ist beides gleichzeitig sichtbar, das bekannte Bekenntniszeichen wie auch der angsteinflößende Haifisch. Das Bibelzitat macht die Absicht deutlich. Lebendig und kräftig und schärfer. Das Zitat aus dem Hebräerbrief zeigt die oft übersehene Seite vom Wort Gottes. In der öffentlichen Wahrnehmung sind die Worte des Glaubens als zahm und sanft gehört und dann auch als bedeutungslos überhört. Auch ihnen durch Anpassung an gewohnte Kommunikationsformen mehr Aufmerksamkeit zu verschaffen, wird bald als verfehlte Suche nach Wirkung entlarvt.

Viel Mühe, Ideen, Marketing-Methoden wecken den Eindruck, als hätte die Kirche eine Wahrheit im Besitz, als käme es nur noch auf die gute Vermarktung ihres Produktes an. Das ursprüngliche Geheimzeichen des Fisches erinnert daran, dass es auch eine Verschlossenheit, ein Geheimnis des Glaubens gibt. Er ist nicht als günstiges Angebot feilzubieten.

Deshalb ist auch die Verfremdung des Fischsymbols ein notwendiger, kritischer Anstoß. Der Hebräerbrief bietet die passenden Worte:

Das Wort Gottes ist lebendig und kräftig und schärfer als jedes zweischneidige Schwert, und dringt durch, bis es scheidet Seele und Geist, auch Mark und Bein, und ist ein Richter der Gedanken und Sinne des Herzens. Und kein Geschöpf ist vor ihm verborgen, sondern es ist alles bloß und aufgedeckt vor den Augen Gottes, dem wir Rechenschaft geben müssen. (Hebräer 4, 12-13)

Es wäre ein schlimmes Missverständnis, dieses Wort nach außen zu kehren und in missionarischer Fehlinterpretation zu meinen, dass das Wort die Unfrommen, die modernen Heiden treffen werde, und sie dem Gericht des schneidenden Schwerts nicht entgehen. Nein, dieses Wort dreht sich automatisch gegen uns, gegen mich. Uns wird es treffen, mich trifft es. Der grellen Klarheit ist nicht auszuweichen. Ihr bleiben wir ausgeliefert. Sie löst das Gefühl der Furcht aus, die aber der Beginn der Religion ist. Es lässt die grundlegende Schicht unserer Existenz ahnen, für die wir das Bild Gottes haben. Diese Tiefe ist schwer auszuhalten. Sie ist da, unverrückbar und unausweichlich.

Manchmal brennen sich Momente dieser Erfahrung in das Gedächtnis ein. So war es ohne jedes Wort und schreiender als andere Wörter, als mich ein Blick der Asylbewerberin traf. Ich sollte sie auf dem notwendigen Weg zu einer Behörde begleiten. In dem Blick lag die Angst um ein Leben, das schon so viel verloren hatte, und das nicht ganz verloren sein sollte. Für einen Augenblick waren wir beide ohne Unterschied aufgedeckt vor den Augen Gottes, gleiche Geschöpfe. Schnell war das wieder weggeschoben, und es waren verständliche Erklärungen und Rechtfertigungen dafür da, dass die Unterschiede realistisch gesehen werden müssen, und dieses auch notwendig ist für eine möglichst hilfreiche Begleitung.

Das Wort Gottes muss nicht gesprochen werden. Es trifft und deckt unser Menschsein ohne Unterschied in der Tiefe auf. Das ist die Unerbittlichkeit und Schärfe des Wortes. Eine ferne Ahnung davon haben wir beim Bewusstwerden unseres eigenen Umgangs mit Worten und unserem Verhalten. Ein Wort trifft und löst ungewollt eine Wirkung aus. Manchmal sollte es sofort zurückgeholt werden und ungesprochen sein, aber es ist in der Welt, trifft und verletzt. Solche Wirkung hat Hilde Domin mit ihrem Gedicht *Unaufhaltsam* so exakt beschrieben, wie es nur Gedichte können.

Unaufhaltsam

Das eigene Wort,
wer holt es zurück,
das lebendige

eben noch ungesprochene
Wort?
Wo das Wort vorbeifliegt
verdorren die Gräser,
werden die Blätter gelb,
fällt Schnee.
Ein Vogel käme dir wieder.
Nicht dein Wort,
das eben noch ungesagte,
in deinen Mund.
Du schickst andere Worte
hinterdrein,
Worte mit bunten, weichen Federn.
Das Wort ist schneller,
das schwarze Wort.
Es kommt immer an,
es hört nicht auf, an-
zukommen.

Besser ein Messer als ein Wort.
Ein Messer kann stumpf sein.
Ein Messer trifft oft
am Herzen vorbei.
Nicht das Wort.
Am Ende ist das Wort,
immer
am Ende
das Wort.[24]

Und das Wort Gottes schärfer als ein zweischneidiges Schwert, immer am Ende das Wort? Mir hilft, in welchem Zusammenhang der Hebräerbrief von der Schärfe des Wortes spricht. Es ist ein weiteres außergewöhnliches Bild, das im 4. Kapitel beschrieben wird.

Es ist noch eine Ruhe vorhanden für das Volk Gottes. (Hebräer 4, 9)

Damit ist der Blick in die kommende Zeit gerichtet. Das Volk Gottes, die Glaubenden, werden in die Ruhe der Erlösung kommen. Am Ende der Zeit wird die

Ruhe des Paradieses kommen, die Befreiung vom Kreuz des Lebens. Jeder Sabbat nach einer Woche der Anstrengung und Belastung ist ein Vorgeschmack für den großen Tag der Ruhe am Ende der Zeit. Jede Woche spiegelt so den ganzen Weg des Menschen wie der Menschheit wider.

„Darum warten Frieden und Gerechtigkeit noch immer auf das Volk Gottes. Denn wer in das Reich des Friedens bei Gott eingeht, ruht von seiner Mühe, wie Gott ruhte. So lasst uns mit allen Kräften danach streben, jene Ruhe zu finden, es könnte sonst geschehen, dass der ein oder andere unter uns zu Fall käme, wie es jenen in ihrem Unglauben widerfuhr." (Hebräer 4, 9-11 in der Übersetzung von Jörg Zink.)

Für den Weg bleibt das scharfe Wort Gottes mit Gesetz und Evangelium die notwendige Begleitung.

Christoph Columbus schreibt in sein Tagebuch am 12. Oktober 1492 nach dem ersten Betreten des neuen Landes:

„Es sammelten sich zahlreiche Eingeborene der Insel. Sie gehen nackend umher, so wie Gott sie erschaffen. Sie führen keine Waffen mit sich, die ihnen nicht einmal bekannt sind. Ich zeigte ihnen die Schwerter, und da sie sie aus Unkenntnis bei der Schneide fassten, so schnitten sie sich."[25]

Am ersten Tag dieser historischen und die Zeit der Alten Welt umkrempelnden Begegnung fließt Blut. Es geschieht aus Unkenntnis, weil da Menschen, die der Schöpfung Gottes noch sehr nahe sind, anderen begegnen, denen der Schutz Gottes nicht genügt. Sie brauchen Waffen und Panzer.

Für den weiteren Verlauf der blutigen Geschichte dieser Entdeckung ist das Ziel zu erinnern. Frieden und Gerechtigkeit und die Ruhe für das Volk Gottes werden kommen. Zu ihm gehören die Gepeinigten und Gefolterten und die durch das Leben und die Unterschiedlichkeit der Welten Ausgebeuteten. So wirkt das Wort klärend und befreiend. Die Erschrockenheit über die Unerbittlichkeit und Schärfe von Gottes Anspruch begleitet, ebenso wie das Heilsame des klaren Wortes Gottes und seine Lebendigkeit.

Das falsche Wort

Der Missionar erzählt von seinen Erfahrungen in der afrikanischen Missionsgemeinde. Er hat die fremde Sprache der Gemeinde schon einigermaßen gelernt, versucht jedenfalls die Predigt in dem anderen Idiom. Er möchte ausdrücken, dass das Wort Gottes das Herz des Menschen bewegt und trifft. Er will bildreich sprechen, wie es seine Zuhörer auch können. Er sagt: „Es ist so wie bei Pfeil und Bogen. Ihr nehmt den Pfeil, legt ihn auf die Sehne, zielt und trefft das Tier, das ihr jagt. So ist es mit dem Wort Gottes. Es trifft euer Herz. Es trifft ganz genau."

Als er fertig ist, steht der Stammesälteste auf und sagt: „Es ist eigenartig. Für Pfeil verwenden wir das Wort ... – und er sagt ein anderes als der Missionar es benutzte –, für Bogen sagen wir das Wort ... – wieder ein anderes als das verwendete –, und für Herz sagen wir ... – und erneut ein anderes –, aber wir haben dich verstanden." Eine Geschichte zum Lächeln.

Wir sagen es ganz anders, aber wir haben dich verstanden. In gewisser Weise zeigt diese Erfahrung auf einen Punkt gebracht die Geschichte und die Absicht der Mission. In fremder Kultur und Sprache soll das Evangelium und das heilsame Wort von Jesus Christus gesagt werden. Die Missionare selbst hat das Wort aus fremder Zeit und Umgebung erreicht, und sie sind so getroffen, angesteckt und begeistert, dass sie das Wort für alle weitersagen möchten, und sie gehen in eine für sie völlig fremde Welt.
Ihre Begeisterung wird wahrgenommen und wirkt selbst ansteckend. Der Pfeil trifft, auch wenn nicht das richtige Wort einer bestimmten Sprache verwendet wird, die Wörter für Pfeil, Bogen und Herz. Es ist das innere Wunder des Transports des Evangeliums in der Mission. Es wird über Grenzen verständlich. Es hat fast eine eigene Kraft des Dolmetschens.

Die Erinnerung daran soll nicht die Schattenseite der Mission vergessen machen. Zu oft ist die eigene Kultur zum Maßstab geworden. Als guter Christ galt, wer als Mann Hosen trug und mit Schlips und Kragen angezogen war. Der christliche Glaube war mit der europäisch weißen Kultur verquickt. Inzwischen haben die Gemeinden in Übersee wieder zu ihren eigenen Traditionen gefunden, und das Evangelium ist bei ihnen wirklich heimisch geworden.

Es ist ein Wunder, wenn sich Menschen über Grenzen hinweg verstehen. „Wir benutzen ganz andere Wörter, aber wir haben dich verstanden." Jemand, der vom Evangelium begeistert ist, dem merkt man das an. Jemand der von der Menschlichkeit und Nähe Gottes erzählt, muss nicht alles wörtlich übersetzen. Man merkt, dass er frei geworden ist, dass er sich mit aufrechtem Gang bewegen kann und dass er für seinen Weg die Angst überwunden hat. Es ist ein großes Geschenk, solche Mission zu erleben

Sprache ohne Worte

Bei dem Fernsehsender Phönix regelmäßig und gelegentlich auch bei anderen Sendern, besonders bei den Nachrichten, ist in einer Ecke des Schirms das Bild einer Übersetzerin für die Gebärdensprache eingeblendet. Ich bin dann immer wieder erstaunt, wenn ich die flinken Bewegungen beobachte. Ich frage mich, wie die Kompliziertheit der Begriffe wirklich verstanden werden kann. Natürlich, es ist wie bei einer Fremdsprache. Da würde ich die fremden Laute hören, und könnte sie nicht einordnen. Hier ist es das Auge, das sich die fremde Sprache aneignet. Und wer mit den Ohren nicht verstehen kann, lernt mit den Augen eine andere Weise der Verständigung.

Ein Pastor, der eine Gehörlosen-Gemeinde als seine besondere Gemeinde betreut, hat einmal von dieser ungewöhnlichen Aufgabe erzählt. Ihm war sie regelrecht in die Wiege gelegt. Sein Vater war Lehrer und Leiter eines Heims für Gehörlose. Viele Jahre lebte die Familie mit den Heimbewohnern unter einem Dach. Für ihn, den späteren Pastor, waren sie wie große Geschwister. Von ihnen lernte er die Gebärdensprache von klein auf.

Wenn er jetzt einen Gottesdienst mit seiner Gemeinde feiert, würde uns Außenstehenden sicher die Lebendigkeit auffallen, die starke Zuwendung und Freundlichkeit der Personen miteinander. Und dann wieder die absolute Stille bei der Predigt, eine Ahnung davon, was es heißt, in einer Welt ohne Laut zu leben und auf das Verstehen von symbolhaften Gesten angewiesen zu sein.

Eine Aktion dieses Pastors erscheint mir besonders sinnvoll zu sein. Bei der Lektüre von Zeitungen und Zeitschriften versucht er gemeinsam mit den Gehörlosen die Bedeutung von Begriffen herauszufinden und in die Gebärdensprache zu übersetzen. Denn jede Sprache wandelt sich und muss den Wortschatz verändern, so auch die nur sichtbare Sprache der Gebärden. Wer da aktuell bleiben will, hat – wörtlich – alle Hände voll zu tun. Es ist schön, dass jemand sich so in Bewegung bringen lässt und „seinen Mund öffnet für die Stummen und dem Elenden und Armen Recht schafft“, wie es im Alten Testament heißt.

Den Mund öffnen für die Stummen – oder besser: mit Händen und Füßen reden und sich einsetzen für das Verständnis unter den Menschen. Die Achtsamkeit für andere und das Zuhören mit allen Sinnen kann neu entdeckt werden. „Gott weckt mich alle Morgen, er weckt mir selbst das Ohr“, heißt es an anderer Stelle im Alten Testament. Er weckt die ganze Person mit Körper, Seele und Geist.

Das Wunder der Verständigung

Es ist natürlich überhaupt nicht selbstverständlich, dass wir sprechen und hören können, dass eine Verbindung entsteht über und in allen komplexen Bedingungen der Kommunikation. So empfinde ich es immer wieder gerade dann, wenn ich Situationen erlebe, in denen das Sprechen eingeschränkt und mühsam ist. Im Umgang *mit* Menschen und in der Pflege *von* Menschen braucht es dann viel Erfindungsreichtum, eine selbstverständliche Verständigung zu ersetzen und mit Gesten, Gesichtsausdruck oder Berührung die Zuwendung herzustellen, die Worte sonst selbstverständlich geben.

Es gibt Erfahrungen, dass auch bei vollständiger Lähmung der Stimme eine mühsame Verständigung möglich ist. So hat man bei jemandem, der nur die Augenlider bewegen kann, eine sehr schwierige Ausdrucksweise versucht. Man hat ihm das Alphabet in der Reihe der Häufigkeit der Buchstaben gezeigt. Und er hat jeweils beim richtigen Buchstaben reagiert. So hat er Wörter und Sätze buchstabiert, eine ungeheuer mühsame Kleinarbeit. Aber sie zeigt etwas von der Wertschätzung und Liebe, jemanden in diesem Eingeschlossensein der Sprachlosigkeit nicht allein zu lassen.

Der Franzose Jean Dominique Bauby hat auf diese Weise ein Buch geschrieben und so seinen Erfahrungen und Gefühlen Ausdruck verliehen.[26] Mit Erleichterung lese ich darin, dass er auch mit Amüsiertheit und nicht nur Verbitterung das vorschnelle Vermuten der Buchstabierer wahrnimmt. Er schildert, wie er einmal gerne eine Sonnenbrille gehabt hätte. Beim Buchstabieren aber kommt er nur bis zum Wort Sonne, und die freundlichen Helfer lassen ihn nicht weiterkommen und sagen: „Ja, schön, dass die Sonne scheint“ – oder „Die Sonne ist lebenswichtig“. Sie nehmen ihm das Wort aus dem Mund, oder besser hier, sie lesen es ihm von den Augen ab. Da aber ist dann immer noch mehr Geduld gefordert.

Es ist mir ein Beispiel dafür, dass immer genug Abwarten nötig ist, damit ich nicht mehr weiß als mein Gegenüber. Ich wünsche mir so viel Verständnis und Geduld. Verständnis ist ja oft auch bei normalen sprachlichen Ausdrucksmöglichkeiten schwierig. Die Mühe des aufmerksamen Zuhörens lohnt sich, und ich kann nicht im Voraus wissen, was mein Gegenüber sagen möchte. Gottes Geist kann zu solcher Geduld befähigen. Er überwindet Grenzen, die uns gesetzt sind, und befreit uns zu liebevollem Zuhören.

Nicht beten können

Es war nur ein leichter Schlaganfall. Der rechte Arm ließ sich nicht mehr bewegen. Aber wer entscheidet über leicht und schwer. Jetzt war der Mann jedenfalls als Patient im Krankenhaus und musste die Bewegungseinschränkung hinnehmen. Gerade der Ausfall des rechten Arms machte es nötig, alle alltäglichen Handgriffe umzustellen. Es war verständlich, dass er schmerzlich und klagend seine Situation beschrieb.

Und dann sagte er zu mir: „Sehen Sie, ich kann noch nicht einmal meine Hände falten zum Gebet." Ich, als Gesunder an seinem Bett, stutzte und stotterte wahrscheinlich etwas von: „Für das Beten ist das Äußere nicht so wichtig." Und ich dachte daran, dass es auf die innere Einstellung ankommt, darauf, sich die eigenen Gedanken und Bitten klar zu machen und im eigenen Gespräch vor Gott zu bringen.

Doch dann wurde mir bewusst, dass er von der körperlichen Einschränkung nicht absehen konnte. *Auf das Innere kommt es an* – das konnte ich nur sagen, weil mein eigener Körper selbstverständlich funktionierte. Natürlich stimmt es, wenn wir sagen, dass das Gebet immer möglich ist. Es braucht keinen bestimmten Ort, es braucht keine bestimmte Haltung. Es ist auf der Straße genauso möglich, wie in der Kirche.

Jetzt konnte ich lernen, dass das Andere auch gilt: Es braucht die Übereinstimmung, es braucht die Einheit von Körper, Seele und Geist. Die innere Person leidet mit, wenn der Körper krank ist. „Ich kann nicht mal die Hände falten und beten." Da hilft nicht der Hinweis, das Gebet sei Ausdruck des inneren Gesprächs mit Gott. Da kann dieser Kranke den Seufzer vielleicht nur in eine betende Bitte verwandeln und wieder dringend Heilung wünschen, um Körper und Seele neu in Übereinstimmung zu bringen.

„Ich kann nicht mal die Hände falten." Die Begegnung hat mir geholfen, wieder sehr aufmerksam zu sein für Gelegenheiten, in denen ich mit meiner ganzen Person eins bin, aber auch für die Momente, wo nur die Klage bleibt und allenfalls zu einem Seufzen vor Gott werden kann.

Es sind Abschiede, die zuerst dem Körper auferlegt sind, kleine Abschiede, die jede Krankheit aufnötigt. In ihnen schwingt auch der Abschied zwischen Leben und Tod mit, Anmutungen, die von der ganzen Person bewältigt werden müssen. Und auch in den Verabschiedungen, die vielleicht nicht endgültig sind und auf ein Wiedersehen angelegt sind, ist ein Hauch davon zu spüren. Reiner Kunze hat das ausgedrückt.

Abschied

Der schaffner warf die tür ins schweigen

Das signal steht auf schwarz

Immer ferner die hand mit dem taschentuch,
der vogel mit nur einem flügel.[27]

2. Sprüche und Redensarten

Moto ke moto

„Moto ke moto ba bato ba bangwe." Ein afrikanisches Sprichwort. Ich kenne die Sprache nicht, spreche aber gerne das Melodische dieser Worte nach und lasse mich in die Sprache der Tswanas im Süden Afrikas einstimmen. Moto ke moto ... Es heißt: Ein Mensch wird ein Mensch erst durch einen anderen Menschen. Es spricht eine Erfahrung aus, die wir durch das ganze Leben machen und auch jeden Tag neu. Im Gegenüber zu anderen entwickelt sich das eigene Leben. Ohne die, die es so prägen, ist es gar nicht möglich. Wir sind auf das Gegenüber angewiesen, das uns fördert, freundlich begleitet, akzeptiert, möglicherweise auch Grenzen setzt, zurechtweist, einen anderen Weg zeigt. Im Gegenüber, in der Auseinandersetzung mit anderen bildet sich die Persönlichkeit – für das Kind sind es die Eltern, für den Jugendlichen die Gleichaltrigen, für den Erwachsenen die Jüngeren und die Älteren. Wir übersehen das oft, haben eher den einzelnen Menschen vor Augen, sehen ihn gesondert von seiner Umgebung, sind selbst auch oft lieber für uns, sind nicht so geprägt, dass wir die Gemeinschaft suchen.

Ganz anders spiegelt sich die afrikanische Einstellung in dem Sprichwort wider. Ein Afrikaner versteht sich niemals zuerst als Einzelner oder Individuum, sondern als Teil einer Gemeinschaft.

Moto ke moto. Etwas Erstaunliches aus dieser Kultur ist zu erfahren. Ein Afrikaner gefragt, wie geht es dir, antwortet: *ziemlich schlecht.* Näher befragt, sagt er, dass es ihm sehr gut gehe, er keine gesundheitlichen Probleme habe, aber seine Tante, die Schwester der Mutter ist krank. Das macht ihm Sorgen. Das macht ihm Gedanken. Es ist ihm nah, so nah, dass es seine Person verändert. *Mir geht es schlecht,* sagt er, weil es einer Person seiner weiteren Familie nicht gut geht. Es ist ein ganz anderer Gebrauch des Wortes Ich, nicht nur ich alleine, ich als isolierte Person. Ich werde Ich erst durch das Du. So könnte man moto ke moto übersetzen. Es ist gut, den Spiegel einer anderen Sprache vorgehalten zu bekommen und sich erstaunt eigene Besonderheiten bewusst zu machen.

Ausländische Besucher, zur Ausbildung oder beruflich für eine Weile hier, wurden aufgefordert aufzuschreiben, was ihnen im Lauf des Aufenthalts besonders

aufgefallen war. Die Sätze, teils amüsant, teils erschreckend, sind ein ähnlicher Spiegel.
„Vielleicht sind wegen des kühlen Klimas die Türen der Häuser in Deutschland immer verschlossen", sagt ein indischer Besucher. Tatsächlich – es muss uns erst wieder gesagt werden. Wer offene Türen und selbstverständliche Gastfreundschaft als Teil seiner Kultur kennt, wird sich über die verschlossenen Türen wundern. Sie können nicht nur als Schutz gesehen werden, sondern auch Zeichen für das kühle Klima der Beziehungen sein.

Ein anderer sagt: „Treffen sich zwei Spaziergänger mit ihren Hündchen, so beschnuppern sich zwar die Hunde, die Menschen aber sehen aneinander vorbei." Es ist wohl eine treffende Beobachtung für die Schwerfälligkeit unserer Begegnungen, und es ist gut, sie aus dem Blickwinkel von außen widergespiegelt zu finden.

Mensch wird Mensch durch andere Menschen.

Für den christlichen Glauben hat diese grundlegende Erfahrung noch eine neue Tiefe gewonnen. Gott ist Mensch geworden. Es ist eine geheimnisvolle Aussage, die in den Begegnungen eine Spürbarkeit gewinnt. In der Gemeinschaft entfaltet sich die Bedeutung des einzelnen für die anderen, und sie wird transparent für das, was sie trägt. Der Geist der Zuwendung Gottes bindet sie zusammen. In den Bekenntnissen wird es als die Gemeinschaft der Heiligen benannt. Sie sind im Austausch ihrer Gaben und im Austausch mit Christus. Martin Luther hat bei seinen Darlegungen zum Glaubensbekenntnis und zur Gemeinschaft der Heiligen besonders eindrucksvoll darauf hingewiesen, dass die Qualität dieser Gemeinschaft weit über ein übliches Zusammensein hinausgeht. Es ist ein Wechsel und Austausch von Gaben und Fähigkeiten, genauso wie von Versäumnissen und Fehlern. Moto ke moto ... Mensch wird Mensch durch andere Menschen, und weil Christus Mensch wurde. So könnte das afrikanische Wort ergänzt werden.

Martin Luther schreibt in seiner Trostschrift für den kranken Kurfürsten 1519 (Tessaradecas consolatoria):

Dies ist die Gemeinschaft der Heiligen. Zu ihr zu gehören, ist unser Reichtum und unser Stolz. Wer an diese Gemeinschaft glauben kann, könnte er nicht auch in großem Leiden selbstbewusst und überzeugt sein, dass die Gaben aller Heiligen auch seine Gaben sind, und sein Leid auch ihr Leid? Dies besonders schöne und ansprechende Bild malt der Apostel im Galaterbrief (Gal 6,2) für uns: Einer trage des anderen Last, so werdet ihr das Gesetz Christi erfüllen. Und ist das nicht eine besondere Gabe, dass wir zu denen gehören, für die gilt (1Kor 12,26): Wenn ein Glied leidet, so leiden alle Glieder mit, und wenn ein Glied geehrt wird, so freuen sich alle Glieder. Deshalb, wenn ich leide, leide ich nicht allein, Christus und alle Christen leiden mit mir. Wie gesagt ist (Sach 2,12): Wer euch antastet, der tastet meinen Augapfel an.

So tragen andere meine Last, und deren Kraft ist meine. Der Glaube der Kirche kommt meiner Angst zu Hilfe, die Tugend der anderen begrenzt meine Versuchung zur Lust, der Verzicht der anderen ist mein Gewinn, das Gebet eines anderen kümmert sich um mich, kurz, wechselseitig sind die einzelnen Glieder umeinander besorgt, dass die Geachteten die Nicht-Geachteten schützen, ihnen dienen und zu Ansehen verhelfen, wie 1. Korinther 12 schön beschreibt.

So kann ich mich wirklich über die Gaben der anderen freuen, als seien es meine eigenen, und es sind wirklich meine, wenn ich für sie danke und Mitfreude habe. Mag ich verkehrt und unansehnlich sein, sie aber, die ich liebe, und denen ich zugetan bin, sind strahlend und schön. Mit dieser Liebe werden nicht nur ihre Gaben mein eigen, sondern ich tausche und verwandle mich in ihre Gestalt, ich mache sie zu meiner. Mit ihrem Ansehen werden meine Schwächen aufgehoben, mit ihrem Reichtum wird mein Mangel beseitigt, durch ihre Verdienste werden meine Sünden geheilt. Wer könnte also in den Sünden verzweifeln? Auch wenn jemand seine Sünden und Strafen nicht mehr tragen kann – auch wenn er sie trägt, kann er nie erleichtert sein –, er ist nicht allein, so viele Kinder Gottes sind an seiner Seite und natürlich Christus selbst. So geschieht die Gemeinschaft der Heiligen und die Kirche Christi ...

Worin haben die Heiligen Gemeinschaft, wie kommunizieren sie mit uns? Nicht nur in Gaben und Lasten, sondern alles ist allen gemein. So bildet es auch das Sakrament des Altars ab in Brot und Wein. Wir werden, wie der Apostel sagt, ein Leib, ein Brot, ein Kelch. Wer könnte einen einzelnen Teil des Körpers verletzen, er verletzt doch den ganzen Körper? Und schon, wenn der Fuß verwöhnt wird, freut sich nicht der ganze Körper? So sind wir ein einziger, ganzer Leib. Was ein anderer leidet, leide und trage ich mit. Was ihm Gutes zukommt, geschieht auch mir. So sagt Christus, dass ihm getan wird, was seinen Geringsten getan wird. Wer sagt nicht, wenn er den kleinen Teil des Brotes beim Abendmahl zu sich genommen hat, er habe das ganze Sakrament empfangen? Und ebenso, wer nur das kleine Stück verachtet, der verachtet das ganze Sakrament.[28]

An einem Tisch

Was Luther beschreibt, gilt grundlegend für den Glauben an eine Gemeinschaft der Heiligen. Es ist die faszinierende Vorstellung von dem Austausch der Gaben und einer Einheit in der Unterschiedlichkeit. Es gibt kein Werten oder Unterordnen. Eine Gegenseitigkeit ist grundsätzlich und formt die Gemeinschaft. Das sieht der Blick in die innere Anlage dieser Gemeinschaft. Auch der kleinste Teil steht für das Ganze. Eine weitere Facette zeigt sich im Blick auf die äußere Form. Übereinstimmend sprechen die Evangelien von Erfahrungen, die von Menschen im Umkreis von Jesus gemacht wurden. Sie erlebten eine Gemeinschaft, die Grenzen überschreitet, Grenzen von gesellschaftlichen Vorurteilen und kulturellen Unterschieden. So zieht er mit seinen Jüngern den Zorn der Verantwortlichen auf sich. „Die Pharisäer und ihre Schriftgelehrten murrten und sprachen zu seinen Jüngern: Warum esst und trinkt ihr mit den Zöllnern und Sündern?" (Lukas 5,30) An einem Tisch zu sitzen, ist bis heute ein Ausdruck nicht allein für diese hervorgehobene Weise der Gemeinschaft. Es kann die Abstufungen einer Annäherung bezeichnen von vorsichtiger Überwindung von Gegensätzen bis hin zu einer feiernden Gesellschaft. Im Abendmahl wird die Tischgemeinschaft erinnert, die Jesus vor seinem Tod mit seinen Jüngern feierte. In ihr wurde das zusammengeführt und erinnert, was die Menschen mit Jesus verbanden, Hoffnung auf eine neue Menschlichkeit und Erlösung von Ängsten und Schuld.

In den gottesdienstlichen Feiern an Gründonnerstag wird das oft in der äußeren Form des Tischabendmahls nachvollzogen. In den Elementen von Brot und Kelch ist Christus in der Gemeinschaft gegenwärtig. Auch in anderen volkskulturellen Traditionen spiegelt sich etwas von der Vorstellung dieser Gemeinschaft wider. Es ist lohnenswert, diese einzubeziehen. An Gründonnerstag wurden die Büßenden und die für eine Zeit Ausgeschlossenen wieder in die Gemeinschaft aufgenommen, die Greinenden, die Klagenden. Das alte Wort greinen ergibt eine mögliche etymologische Ableitung der Bezeichnung dieses Tages.

Die Erinnerung an die Aufhebung der Schuld ergibt sich auch aus einer anderen Tradition. An diesem Tag überreichten die Pächter dem Landbesitzer als letzte Gabe zum Abtragen ihrer Pachtschuld die erforderliche Zahl von Eiern, die sie rot färbten als Zeichen dafür, dass die Schuld abgelöst ist. Es ist der Ursprung für den Brauch, die Eier zu Ostern zu färben.

Die Tischgemeinschaft zu Gründonnerstag ist in besonderer Weise geprägt. An einem Tisch finden sich die unterschiedlichsten Menschen zusammen. Sie erinnern sich an die Gemeinschaft mit Christus und erleben die Aufhebung der Unterschiede der Grenzen und der Schuld.

O.K.

Okay – ich mache das schon. Treffen wir uns morgen? O.K. Kannst du das erledigen? O.K. Allenfalls für die sehr viel Älteren ist die saloppe Wortwahl ungewohnt, genauso wie das Zeichen des erhobenen Daumens auf dem Smartphone.

O.K. ist die Abkürzung für: in Ordnung – klar – ja natürlich – selbstverständlich – knapp und umfassend, mehr muss nicht gesagt werden.

Ein Fensterputzer in Amerika mit den Anfangsbuchstaben O und K – nennen wir ihn Oskar Kent – soll immer nach dem Putzen eines Fensters zum Schluss mit seinem Ledertuch das O.K. in die Ecke unten geschrieben haben, gerade noch sichtbar, damit er bei der Menge der Glasscheiben am Wolkenkratzer die geputzten unterscheiden konnte. Erstaunlich, dass es sich weltweit durchgesetzt hat. Aber O.K., es ist so.

Ein Psychologe, Thomas A. Harris, hat mit dem O. K. eine ganze Beziehungslehre aufgebaut.[29] Es sind die Anfänge der Transaktionsanalyse.

Ob jemand sich selbst o.k. fühlt oder nicht, und wie er einen anderen sieht, darin finden sich grundsätzliche Muster des menschlichen Verhaltens. Die erste Erfahrung eines Kindes ist: Ich bin nicht o.k. – du bist o.k. Gegenüber den Eltern hat es das Gefühl: Ich bleibe hinter den Ansprüchen zurück. Es erlebt, wie die Erwachsenen alles können und es selbst so oft versagt. Und leider wird es immer wieder von den Eltern im Nicht-O.K.-Sein bestärkt. Natürlich findet sich dieses Gefühl bis ins Erwachsenenalter, und die Momente des Gedankens, die anderen können immer alles besser, finden sich wieder. Es ist der Grund zu eigener Niedergeschlagenheit.

Dann gibt es die Weise des Umgangs, die so beschrieben werden kann: Ich bin nicht o.k. – du bist nicht o.k. Man sieht die Fehler bei den anderen, erkennt, dass sie auch nicht die besten sind und dass sie die Liebe nicht geben, die man von ihnen erwartet. Aber dadurch fühlt man sich nicht selber besser, sondern überträgt schlechte Erfahrungen auf alle anderen. Bei psychisch kranken Personen ist manchmal mit Schmerz zu beobachten, dass jemand mit sich selbst und anderen nur mit Wut und im Kampf umgehen kann. Ich bin nicht in Ordnung und du bist nicht in Ordnung: Ich bin nicht o.k. – du bist nicht o.k. Deshalb verletze ich uns beide. Vermisste Zuwendung und nicht verlässliche Bindung in frühen Jahren können solche Haltung verstärken.

Eine Erfahrung von Kinderpsychologen ist diese. Ein elfjähriges Kind schlägt kräftig und anhaltend seinen Betreuer und dann seinen eigenen Kopf. Es war, als wollte es seine ganze Lebenseinstellung ausdrücken: Du bist nicht in Ordnung, und ich bin nicht in Ordnung. Das kann ich nur aushalten, wenn ich uns beide verletze. Dies Verhalten gibt es natürlich auch unter Erwachsenen. Das muss nicht bis zum körperlichen Angriff gehen. In der Umgebung von nur pessimistisch eingestellten Menschen wird man selbst angesteckt, nur noch das Schlechte zu sehen.

Gegen das alles zu der Haltung zu kommen, die gut und weiterführend ist: Ich bin o.k. – du bist o.k., es scheint ungeheuer schwer zu sein. Es ist, als ob man sich einen Ruck geben und eine Portion Optimismus sammeln müsste, um einen großen Sprung über den Graben der Resignation zu machen. Eine Hilfe dazu ist, dass vor Gott immer gilt: Du bist in Ordnung, ausgedrückt im: Ich habe dich bei deinem Namen gerufen, du bist mein, oder: Wir haben Frieden mit Gott.

Für Paulus ist der Friede mit Gott eine der zentralen Aussagen im Römerbrief:

„Da wir nun gerecht geworden sind durch den Glauben, haben wir Frieden mit Gott durch unsern Herrn Jesus Christus; durch ihn haben wir auch den Zugang im Glauben zu dieser Gnade, in der wir stehen, und rühmen uns der Hoffnung der zukünftigen Herrlichkeit, die Gott geben wird. Nicht allein aber das, sondern wir rühmen uns auch der Bedrängnisse, weil wir wissen, dass Bedrängnis Geduld bringt, Geduld aber Bewährung, Bewährung aber Hoffnung, Hoffnung aber lässt nicht zuschanden werden; denn die Liebe Gottes ist ausgegossen in unsere Herzen durch den heiligen Geist, der uns gegeben ist.“ (Römer 5, 1-5)

Es ist der Ton einer großen Freude, ein Gefühl von Glück, das in einem vollständigen Angenommensein begründet ist. Dieses Gefühl umfasst die Richtungen der Zeit mit Vergangenheit, Zukunft und Gegenwart. Das Belastende der Vergangenheit zählt nicht mehr. Wir sind im Glauben gerecht geworden. Gegen die Resignation, die im Gedanken, nicht in Ordnung zu sein, den Blick nach vorn verdunkelt, sieht Paulus die Hoffnung der kommenden Herrlichkeit. Das wirkt in die Gegenwart zurück und wird durch Belastung und Leiden nicht aufgehoben. Es lässt ihn mit Vertrauen den Kettensatz sagen von Bedrängnis, Geduld, Bewährung und Hoffnung.

Zu wissen, du bist o.k., hilft dazu, weiter zu blicken, eine klare Sicht zu haben, wie durch ein geputztes Fenster, in dem vielleicht in der Ecke die weltbekannte Abkürzung steht: O.K.

Das bessere Aber

Es gibt Menschen, die können mit sicherem Blick auch an einem Sonnentag die Wolke am Himmel sehen. Sie sehen den Schatten und nicht das Licht. Sie können auch bei guten Erlebnissen Ursachen zur Kritik finden, und sie erkennen sofort, wenn etwas zwar einigermaßen, aber nicht gut gelungen ist. Vielleicht kann nach ihrem Maßstab nie etwas sehr gut sein. Sie kommen mit ihren Einwänden und dem Aber. Aber dies und das hätte anders sein können.

Ich kenne so etwas auch bei mir. Ich nenne es die Aber-Stimmung. Sie kommt, wenn sich dieses zunächst so unscheinbare Wort unserer Sprache zu oft meldet. „Es geht ganz gut, aber ich habe ein unzufriedenes Gefühl." „Ich komme voran, aber es geht sehr langsam." „Einiges konnte ich ändern, aber es gibt so vieles, wo ich nicht weiterkomme." Das „Aber", so verwendet, ist das Wort der Bedenkenträger und Schwarzseher. Und müsste ich immer 1,- € in eine Kasse zahlen, diese wäre schnell gefüllt.

Irgendwo in einem Psychologen-Aufsatz habe ich den befreienden Hinweis gelesen, das „Aber" einfach umzustellen, es nicht vor das Negative, sondern vor das Positive zu setzen. Das klingt dann so: „Es geht sehr langsam, aber ich komme voran." „Es gibt so vieles, wo ich nicht weiterkomme, aber ich konnte Einiges ändern." Das klingt nun ganz anders. Es richtet den Blick auf Erreichtes, und es führt weiter.

Ich versuche es jetzt immer einmal wieder mit dieser Aber-Umstellung, und ich merke, dass es gegen die bedrückende Aber-Stimmung hilft.

Bei Sätzen von Paulus habe ich übrigens entdeckt, dass er in diesem Sinn ein sehr moderner, guter Psychologe ist. „Wir sind von allen Seiten bedrängt, aber wir ängstigen uns nicht. Uns ist bange, aber wir verzagen nicht", schreibt er im 2. Korintherbrief (4,8). Es ist ein Aber aus der Perspektive Gottes. Und die öffnet und befreit. Sie unterstreicht, was gelingt, und was an Gutem unverlierbar ist und weiterträgt.

Bratwurst, Schaufel und Sack Reis

Was haben Bratwurst, Schaufel und Sack Reis gemeinsam? Bei witzigen Redensarten wird gerne nach Gemeinsamkeiten oder Unterschieden gefragt, und mit einer Pointe werden völlig verschiedene Dinge einander zugeordnet. Doch diese drei? Sie kommen in Redensarten mit der gleichen Aussage vor.

Das ist so egal, als wenn in Hamburg (oder wo auch immer) eine Bratwurst platzt.
Das ist so egal, als wenn in Moskau (oder wo auch immer) eine Schaufel umfällt.
Das ist so egal, als wenn in China (oder wo auch immer) ein Sack Reis umfällt.

Das ist so egal, so gleichgültig. Es wird abwertend zu den Sorgen anderer gesagt. Es ist auch resignierend zu sich selbst gesagt, wenn der Eindruck da ist, mit den eigenen Belastungen von anderen nicht genügend wahrgenommen zu sein. Also, mach nicht so viel Aufhebens von einer Sache, oder schulterzuckend; ich mit meinen Befürchtungen bin nur einer unter vielen. Wen kümmert das schon? Es ist leicht daher gesagt, und es ist doch viel realistische Erkenntnis in den Redensarten.

Was also ist Bratwurst, Schaufel und Sack Reis gemeinsam? Es ist die etwas bedrückende und traurige Wahrheit, dass der einzelne mit seinen Sorgen und seiner Besonderheit leicht übersehen wird, oder sogar gleichgültig ist. Viele haben diese Sichtweise schon ganz von alleine in sich aufgenommen. Bei einer Sorge, einer Beeinträchtigung, einer Krankheit sagen sie: Es gibt Schlimmeres. Gemessen an den Belastungen anderer ist meine eigene belanglos.

Zu schnell wird das Eigene abgewertet. Doch auch der kurze Krankenhausaufenthalt löst Verunsicherung aus und fordert ein neues Prüfen der Lebenseinstellungen. Er ist nicht gleichgültig. Er ist gefüllt mit eigener Traurigkeit oder auch mit neuentdeckter Gelassenheit. Und wie wichtig ist es und unverzichtbar, wenn gerade dann Personen da sind, die mit Worten und ihrer Zuwendung zeigen: Du bist wichtig, ob es Pflege oder Arzt ist, oder der Besuch eines Nachbarn.

Besonders erstaunlich, dass von Menschen bei der Begegnung mit Jesus berichtet wird: die Gleichgültigkeit ist durchbrochen, vielmehr, um das Wortfeld anders abzuschreiten, jedem ist die gleiche Gültigkeit, der unverwechselbare Wert zugesprochen. Es ist ein Entgegenkommen in unverstellter Menschlichkeit. Da war nicht mehr das Gefühl, einer unter vielen zu sein, sondern angenommen zu sein in der Armut, in Krankheit und Behinderung – und in der Schuld. Er war mit ihnen an einem Tisch. Das gesellschaftlich Verlorene nimmt er besonders in den Blick.

Wer erlebt, dass er anderen nicht gleichgültig ist, dem bleiben auch andere nicht gleichgültig, der erkennt auch in ihnen die Menschen, die Gott wichtig sind.

Bratwurst, Schaufel und Sack Reis – die Redensarten von ihnen zeigen ein kaltes Lebensgesetz der Gleichgültigkeit. Es soll durchbrochen werden und im Gegensatz dazu wird klar, wie unverwechselbar und wie wertvoll jede und jeder einzelne ist.

Das einmal gegrabene Loch geht in der Geschichte nicht verloren

Der junge Geschichtsforscher sagt es zu der Gruppe, die eine Ausgrabungsstelle besichtigt. Es ist ein Ort, an dem man große historische Erkenntnisse kaum vermuten würde. In der norddeutschen Tiefebene nicht weit von der Nordseeküste versucht man die „Wurten" zu rekonstruieren, die Besiedlung im Mittelalter, als die Häuser auf Hügeln gebaut wurden, um sie vor der Flut zu schützen, auf Wurten oder Warften, wie diese Erhebungen genannt werden.

„Ein einmal gegrabenes Loch geht in der Geschichte nicht verloren." Er zeigt an einer freigelegten Fläche auf die dunklen Verfärbungen, die sich in regelmäßigen Abständen finden und sagt: „Hier hat ein Zaun gestanden. Die Holzpfähle sind vermodert, aber die Erdverfärbung ist noch da." Erstaunlich, wie stark die Erinnerung in der Geschichte sein kann. An kleinsten Spuren kommt etwas vor Augen, was früher gewesen ist und was jetzt nach Jahrhunderten, manchmal Jahrtausenden, wieder lebendig wird.

„Das Geheimnis der Erlösung ist die Erinnerung." Das ist einer der großartigen Sätze jüdischer Weisheit. Er leuchtet unmittelbar ein. Bei einer archäologischen Ausgrabung werden die Zeiträume sichtbar, über die eine Erinnerung sich festhalten lässt. Die existentielle Bedeutung spürt jemand, der sich mit der eigenen Lebensgeschichte und deren Entwicklungen auseinandersetzt. Verdrängtes kann bewusstgemacht werden, Versäumtes in Grenzen nachgeholt werden. Es ist die Mahnung: „Erinnere dich, um heil und gesund zu werden." Das kann mit dem mühsamen Weg im Zurückgehen in der Geschichte geschehen, wie das Hinabsteigen in die Kellerräume. Liegengebliebenes, auch das Unangenehme, muss noch einmal vorgenommen, angesehen und bearbeitet werden, um es endlich gut abzulegen. „Das Geheimnis der Erlösung ist die Erinnerung."

Hinter diesem Wort steht die religiöse Vorstellung, dass in der Geschichte der Welt und des Menschen Lichtpunkte Gottes zu entdecken sind, wie verborgen und unsichtbar sie auch sein mögen. Durch die Erinnerung an ihren Ursprung wird der Blick frei, und sie werden zur Kraft für die Gegenwart. Es ist eine hilfreiche Bewegung, zurückzudenken, oft auch mit Wehmut und Traurigkeit zu sehen, was anders gewünscht war. Natürlich hätte so vieles auch anders sein sollen, dann aber dagegenzusetzen, dass es gut geworden ist und auch das

Schwere eingeordnet werden kann. Die eigene Entwicklung wird im Licht Gottes gesehen. Es ist immer schon da gewesen und darf nicht vergessen werden.

„Das Vergessen verlängert das Exil“, so heißt der andere Satz dieser Weisheit. Es ist die weitere Erfahrung, die existentielles Gewicht hat. Das Vergessen, oder psychologisch das Verdrängen, kann nur oberflächlich helfen. Oft kommt es nach Jahren zu Tage und fordert die Auseinandersetzung. Es soll in die Lebenslinie gut eingeordnet werden und in den Glauben, dass ihr ein Sinn zukommt. Das alte Wort Fügung kann wieder eine Aussagekraft gewinnen.

„Das einmal gegrabene Loch geht in der Geschichte nicht verloren.“ Das Gute und das Schwere bleiben eingefügt in den barmherzigen Willen Gottes. Mit dem wunderbaren Ziel der Josefsgeschichte ist es so gesagt: „Ihr gedachtet es böse mit mir zu machen, Gott aber gedachte es gut zu machen.“ (Genesis 50,20)

3. Heilsame Texte

Sein wie ein Baum

„Wer möchte leben ohne den Trost der Bäume?“ Der Seufzer von Günter Eich klingt nach, sobald mit Bewusstheit das grüne Laubwerk von Bäumen mit dem Spiel von Licht und Schatten wahrgenommen wird. Bei einem Weg durch den Wald lässt der Tannen- oder Kieferngeruch tief aufatmen. In diesem besonderen Raum treten der Alltag und die Belastungen weit zurück. Die Bäume sind der Inbegriff der Natur. Sie sind das natürliche Gegenüber zum Menschen und bilden Assoziationen und Symbole zum menschlichen Leben ab.

In den Erzählungen der Völker ist kaum etwas anderes so eng mit dem Menschen verbunden wie der Baum. Er erscheint als der Vorfahre des Menschen. Nach der Überlieferung der Algonkin-Indianer bohrte der Schöpfer einen Pfeil in eine Esche, worauf aus ihr der erste Mensch entstand. Ein Baum mit acht Ästen ist in der Mythologie der Jakuten in Ostsibirien der Ursprungsort für die Menschen. In der Edda mit der altnordischen Sagenwelt stammt der Mann von einer Esche, die Frau von einer Ulme ab. Der Baum ist nicht nur die Geburtsstätte des Menschen, sondern auch Wohnort Gottes und der Götter. In der griechischen Religion sind bestimmte Bäume Göttern zugeordnet. Sie werden besonders gehegt und gepflegt. Die jüdisch-christliche Tradition beschreibt in der Paradiesgeschichte den Baum des Lebens und der Erkenntnis. Der Mensch verliert das Paradies, weil er die Sphäre Gottes nicht achtet, die mit diesem Baum verbunden ist.

Die Bäume sind Symbole der Fruchtbarkeit und dessen, was das Leben umgreift. Bei der Geburt eines Kindes wird ein Baum gepflanzt. Sie geben auch den Hinweis über das Leben hinaus. Die Wälder verdanken wir den Generationen vor uns. Wir pflanzen sie und werden ihre ganze Entfaltung nicht erleben.

Der Baum lädt zu gleichnishaften Übertragungen ein, wie in der Äußerung von Jugendlichen: „Ich wünsche mir einen Menschen, der wie ein Baum zu mir ist, einen Menschen, der zuhört wie ein Baum. Einen Menschen, mit dem ich still zusammen sein kann, wie mit einem Baum. Er würde mit seinem Blätterdach die Trauer von mir fernhalten und Schatten spenden für meine Verzweiflung. Und auch ich selbst möchte für diesen Menschen ein Baum sein, ihn mit meinen grünen Blättern umfangen und ihn, wenn er unruhig ist, mit dem Rauschen meiner

Blätter in den Schlaf singen. Und unser Vertrauen, unsere Liebe, unser Beisammensein sollten wachsen, sich verwurzeln und doch immer neu sein, wie das Kleid eines Baumes, das er Jahr um Jahr abwirft und von neuem kraftvoll und schön hervorbringt."

Die Gelassenheit und Beständigkeit begleitet den Menschen, der im Glauben an Gott geborgen ist, und lässt ihn sich mit einem Baum vergleichen. „Gesegnet ist der Mensch, der sich auf Gott verlässt. Er ist wie ein Baum, am Wasser gepflanzt, der seine Wurzeln zum Bach hinstreckt. In der Hitze fürchtet er sich nicht und seine Blätter bleiben grün. Er sorgt sich nicht im dürren Jahr, sondern bringt Früchte alle Zeit." (Jeremia 17, 7-8)

Die Bilder sind in die Sprache der Lebensbeschreibung eingegangen. Wir sprechen von der Verwurzelung als der notwendigen Beheimatung eines Menschen, von der Verästelung als der Differenzierung und Vielfalt von Entwicklungen, dem Stammbaum als der Kontinuität einer Familiengeschichte. Doch setzt das Bild auch Grenzen, die der Dynamik und der zunehmenden Beschleunigung heute nicht mehr entsprechen. Bewegung widerspricht der Statik und der Konstanz, und beides gehört zum Leben. Diesem Paradox hat Hilde Domin bleibenden Ausdruck gegeben.

Ziehende Landschaft

Man muß weggehen können
und doch sein wie ein Baum:
als bliebe die Wurzel im Boden,
als zöge die Landschaft und wir ständen fest.
Man muß den Atem anhalten,
bis der Wind nachläßt
und die fremde Luft um uns zu kreisen beginnt,
bis das Spiel von Licht und Schatten,
von Grün und Blau,
die alten Muster zeigt
und wir zuhause sind,
wo es auch sei,
und niedersitzen können und uns anlehnen,
als sei es an das Grab
unserer Mutter.[30]

Die Erfahrung der Entwurzelung, der Zwang zu Auswanderung und Flucht, das Leben im Exil sind das Schicksal vieler Generationen weltweit heute wie früher. Die Ruhe und die Kontinuität zu allmählichem Wachsen bleiben dann Wunsch und Sehnsucht.

Aufweisbar und als bildhaftes Symbol zu beschreiben, kann solche Erfahrung an dem Schnitt eines Baumes sein, an einer Baumscheibe. Jeder einzelne Ring steht für ein Jahr, und die hundert und mehr Jahre dieses Baumes sind in der Scheibe noch einmal vor Augen. Die Besonderheit eines jeden Jahres hat sich eingeprägt. Farbe und Breite sind zu unterscheiden. Spezialisten können einem Schnitt historische Jahreszahlen zuordnen. Es ist ganz erstaunlich, wie dendrologische Untersuchungen von Holz mit Hilfe der Jahresringe eine genaue Bestimmung des Alters zulassen. Diese Methode ist zu einer wichtigen Spezialisierung in Archäologie und Geschichtswissenschaft geworden.

Und wieder ist eine Übertragung einleuchtend. Jedes Jahr der Lebensgeschichte hat ihre Charakteristik. Auch die Baumscheibe des Lebens zeigt die dunklen Ringe belastender Zeiten. Risse sind da und sind wieder überwachsen worden. Das Holz zeigt die Spuren von Verletzungen und Unregelmäßigkeiten, die über Jahre vorhanden sind. Es ist die Erinnerung an die Narben des Körpers, manchmal ein leicht zu vergessender Anstoß für das Gedächtnis, gelegentlich jedoch auch ein Schmerz und eine Trauer, die im Augenblick belebt werden und mit gleicher Kraft wie früher da sind. Das Bild des Baums weist auf ein Zeitmaß der Verlangsamung und der Notwendigkeit von Geduld. Ob es in Momenten von Krankheit und Schmerz weiterhilft, bleibt ganz Sache des Betroffenen. Es ist der Versuch der Erweiterung des Blicks und eine Andeutung von Trost.

Die Lebenszeit des Baums, die eine menschliche Zeit weit überschreitet, hat die Symbolkraft verstärkt und ein Bild für menschliche Einstellungen und Vorhaben ergeben, die den Rahmen dessen übersteigen, was dem Menschen eigentlich zugewiesen ist. Nicht alles kann der Mensch nach der Paradiesgeschichte sich zu eigen machen. Er kann den Garten Eden bebauen und bewahren, soll von allen Bäumen im Garten essen, aber vom Baum der Erkenntnis des Guten und des Bösen soll er nicht essen. „An dem Tage, da du von ihm isst, musst du des Todes sterben." (Genesis 2, 16 f)

So wird der Baum zum Bild für die Gefahr, menschliche Grenzen zu überschreiten und sein zu wollen wie Gott. Lebenszeit und Größe überragen den Menschen, und er wird an die Wünsche erinnert, seine Größe und Macht zu steigern und seine begrenzte Zeit und den Tod nicht wahrhaben zu wollen. „Bäume sind der Erde endloses Bemühen, mit dem lauschenden Himmel zu sprechen“, sagt Rabindranath Tagore.[31] So ist es das nie endende Verlangen des Menschen zwischen Erde und Gott, an Gott heranzureichen.

Die Größe und die Macht zu steigern – das Danielbuch berichtet eindrucksvoll von dieser Versuchung. Nebukadnezar, der Herrscher des babylonischen Weltreichs, träumt von einem Baum, der immer größer und mächtiger wird, bis an den Himmel und von überall auf der Erde gesehen werden kann. Er hatte prächtiges Laub und trug viele Früchte. Tiere fanden Schutz in seinem Schatten, und Vögel nisteten in seinen Zweigen. Doch dann kommt die erschreckende Wendung des Traums. Ein Wächter steigt vom Himmel und befiehlt: „Haut den Baum um und schlagt ihm die Äste weg, streift ihm das Laub ab und zerstreut seine Frucht ... Doch lass den Stock mit seinen Wurzeln in der Erde bleiben.“ (Daniel 4, 11f)

Voller Angst wacht der König auf. Die Ratgeber können den Traum nicht deuten, bis Daniel gerufen wird, der Gefangene aus Israel. Er versucht den König vorsichtig einzustimmen und kann die schockierende Wahrheit doch nicht verschweigen: „Der Baum ... das bist du, König, der du so groß und mächtig bist ... man wird dich aus der Gemeinschaft der Menschen verstoßen ..., bis du erkennst, dass der Höchste Gewalt hat über die Königreiche der Menschen und sie gibt, wem er will. Wenn aber gesagt wurde, man solle dennoch den Stock des Baumes mit seinen Wurzeln übriglassen, das bedeutet: dein Königreich soll dir erhalten bleiben, sobald du erkannt hast, dass der Himmel die Gewalt hat.“ (Daniel 4,17-23)

Die Lebenden sollen erkennen, dass nur Gott über Herrschaft gebieten kann. Der Weltenbaum kann nur Gott selbst sein. So ist es auch mit dem Ursprungsbild gezeigt. Der Baum des Lebens und der Erkenntnis steht dem Menschen nicht zur Verfügung. Der Mythos vom Paradies-Baum zeigt zugleich die Nähe und die Grenze Gott gegenüber. Eignet der Mensch sich selbst die Macht an, verliert er das wahre und volle Leben und ist in seinem Schicksal der Sterblichkeit bis zum Ende auf der Suche und in der Unvollkommenheit.

Nur ein Hoffnungszeichen ist ihm gegeben. Bei Nebukadnezar bleiben Stock und Wurzel des Riesenbaums. Es braucht „sieben Zeiten“ der Buße und Läuterung und sein Bekenntnis: „Gott macht's wie er will, mit den Mächten im Himmel und mit denen, die auf Erden wohnen. Und niemand kann seiner Hand wehren noch zu ihm sagen: Was machst du? ... Darum lobe, ehre und preise ich, Nebukadnezar, den König des Himmels; denn all sein Tun ist Wahrheit, und seine Wege sind recht, und wer stolz ist, den kann er demütigen." (Daniel 4, 32-34)

Auch der geschlagene Baum kann aus seiner Wurzel neu austreiben. Für den König ist trotz seines Machtmissbrauchs durch Besinnung und Buße ein neuer Anfang möglich. Das Alter der Bäume aber übersteigt das Menschenalter. Wie kann der Mensch sich mit dem Schicksal seiner Sterblichkeit abfinden? Hiob resigniert, weil ein Neuanfang durch den Tod begrenzt ist. „Denn ein Baum hat Hoffnung, auch wenn er abgehauen ist; er kann wieder ausschlagen, und seine Schößlinge bleiben nicht aus. Ob seine Wurzel in der Erde alt wird und sein Stumpf im Boden erstirbt, so grünt er doch wieder vom Geruch des Wassers und treibt Zweige wie eine junge Pflanze. – Stirbt aber ein Mensch, so ist er dahin; kommt ein Mensch um – wo ist er?" (Hiob 14, 7-10)

Trotz des langen Alters ist auch der Baum dem Kreislauf des Lebens mit Anfang und Ende, der sich im Lauf der Jahreszeiten wiederholt, nicht entzogen. Das sagt auch Günter Eich mit dem Hinweis auf den Trost der Bäume:

Ende eines Sommers

Wer möchte leben ohne den Trost der Bäume!

Wie gut, daß sie am Sterben teilhaben!
Die Pfirsiche sind geerntet, die Pflaumen färben sich,
während unter dem Brückenbogen die Zeit rauscht.

Dem Vogelzug vertraue ich meine Verzweiflung an.
Er mißt seinen Teil von Ewigkeit gelassen ab.
Seine Strecken
werden sichtbar im Blattwerk als dunkler Zwang,
die Bewegung der Flügel färbt die Früchte.

Es heißt Geduld haben.
Bald wird die Vogelschrift entsiegelt,
unter der Zunge ist der Pfennig zu schmecken.[32]

In ein anderes Licht kommt das Bild vom neu grünenden Baum, wenn es auf Christus übertragen wird, und der Glaube an ihn von der Überwindung des Todes spricht. Die Verheißung des kommenden Messias wird auf ihn gedeutet: „Es wird ein Reis hervorgehen aus dem Stamm Isais und ein Zweig aus seiner Wurzel Frucht bringen" (Jesaja 11,1). Was schon beendet scheint, birgt neue Kraft und treibt Blüten. In Jesus wird der Messias, der Christus, erkannt. Sein Kreuz wird selbst zum Baum des Lebens. In der Tradition wird dieses Bild weiter ausgemalt. Das tote Holz des Kreuzes grünt und blüht wieder, oder auch die Kreuzigung selbst wird an einem Baum dargestellt. Augustin sagt: *Im Baum sind wir gestorben, im Baum sind wir auferstanden. Das Kreuz ist der Weltenbaum.*

Es ist das Zeichen der Verbindung von Himmel und Erde. Der Baum ist das starke Symbol für diese Verbindung.

Nimm die Forsythien tief in dich hinein

„Jetzt werden die Tage wieder länger und heller." Die Erleichterung spricht aus den Worten und der Gestimmtheit des alten Mannes. Freier atmen zu können, das Dunkle zurückzudrängen – die Einschränkungen hingen nicht nur von der Helligkeit des Tages ab, sondern es war auch in ihm selbst, die Bedrücktheit und Nachdenklichkeit, die schwermütigen Gedanken einer ausgehenden Lebenszeit. Jetzt aber war befreiendes Aufatmen möglich, das Helle und Wärmende konnte in ihm Raum finden. Das Bild der Knospen und Blüten prägte sich in die Seele ein.

Gottfried Benn schreibt in seinem Gedicht

Letzter Frühling

Nimm die Forsythien tief in dich hinein
und wenn der Flieder kommt, vermisch auch diesen
mit deinem Blut und Glück und Elendsein,
dem dunklen Grund, auf den du angewiesen.

Langsame Tage. Alles überwunden.
Und fragst du nicht, ob Ende, ob Beginn,
dann tragen dich vielleicht die Stunden
noch bis zum Juni mit den Rosen hin.[33]

Benn hat dieses Gedicht im letzten Jahr seines 70-jährigen Lebens geschrieben, und es hat für mich beides, eine Resignation in der letzten Lebenszeit, aber auch die Offenheit für den Augenblick, für das Befreiende und Schöne, das jetzt da ist, tief aufzunehmen und in einer erfüllten Gegenwart zu leben. Ende und Beginn sind miteinander verwoben.

Das Gesetz von Leben und Sterben hat Jesus einmal so ausgedrückt: *Wenn das Weizenkorn nicht in die Erde fällt und erstirbt, bleibt es allein; wenn es aber erstirbt, bringt es viel Frucht* (Johannes, 12,24). Die einfache Beobachtung aus der Natur wird zum Bild des Lebens. Diese Wandlung ist nötig. Das Korn, in die Erde gegeben, treibt neues Leben hervor, wird fruchtbar.

So hat wohl Jesus sein Leben verstanden, sich selbst zu geben für die anderen, und so hat er auch seinen Tod verstehen können. Was nach außen unverständlich und dunkel blieb, war innerlich Hingabe. Was für die Umstehenden nicht zu erahnen war, wurde später im Glauben klar: Das Gesetz des Weizenkorns ist das Gesetz des Weges Jesu, durch den Tod zum Leben.

Umso mehr nehme ich die Forsythien tief in mich hinein und freue mich auf den Flieder und die Rosen.

Innsbruck, ich muss dich lassen

Innsbruck ich muss dich lassen ... heißt das alte, wehmütige Volkslied. Von Abschied spricht es und von dem Leid, die Liebste zurücklassen zu müssen.

Ach Lieb, nun lass mich Armen
im Herzen dein erbarmen,
dass ich muss dannen sein.

Mit diesem Lied ist es wie mit vielen volkstümlichen Liedern gegangen. Sie sind umgedeutet worden, und in der Alltagserfahrung hat man eine tiefe religiöse Wahrheit entdeckt. Als Kontrafaktur wird diese Entdeckung des Religiösen im weltlich Alltäglichen bezeichnet. So findet sich das Lied „Innsbruck ich muss dich lassen" in einer Umdichtung im Gesangbuch wieder. Jetzt heißt es:

O Welt, ich muss dich lassen,
ich fahr dahin mein Straßen
ins ewig Vaterland.

Anders als im Volkslied ist jetzt ein vertrauender Glaube der Schlusston.

Auf Gott steht mein Vertrauen,
sein Antlitz will ich schauen
wahrhaft durch Jesus Christ,
der für mich ist gestorben,
des Vaters Huld erworben
und so mein Mittler worden ist. (EG 521)

Sehnsucht und Wehmut öffnen sich zu neuem Vertrauen. Über fünf Jahrhunderte ist das nebeneinander und zusammen erklungen, Abschied und neue Hoffnung.

Der Reiter und der Bodensee – oder Jeder kann fliegen

Wussten Sie, dass alle Menschen fliegen können? Nicht mit Motoren oder Segelapparaten, auch nicht mit dem Flügelanzug, nein, ganz allein. An einem Tag des Lebens kann jeder und jede fliegen. Man muss sich nur ins Freie stellen, die Arme ausbreiten und schon fliegt man. Es ist allerdings nur ein einziger Tag, und wer nicht die Arme ausbreitet, merkt nicht, dass es der besondere Tag ist. Heute Morgen habe ich es probiert. Es war nicht mein Tag. Hoffentlich ist er noch nicht vorbei. Er sollte noch kommen, und dann muss ich probieren, Wind unter die Arme zu bekommen, die Schwere los zu werden, schwerelos zu sein, die Leichtigkeit eines Vogels, einer Feder zu gewinnen.

Ich glaube, das geht. Ich glaube, man kann die Schwere überwinden, die Gravitation, die Erdanziehung. Man kann dem Himmel zugewandt sein, der Luft, der Schwerelosigkeit. Ich habe jedenfalls Menschen kennengelernt, die das anscheinend konnten. Vielleicht war es auch ganz genau ihr Tag des Fliegens. Mit gewinnendem Lächeln, mit beschwingtem Charme begegneten sie mir. Es war nicht eine Frage des Alters und einer besonderen Jugendlichkeit. Gerade Ältere waren solche Menschen ohne Erdenschwere. Das Lächeln war in Falten eingepackt, und auch ich hatte das Gefühl, sie gehen zwei Zentimeter über dem Boden. Die Leichtigkeit ist da, wenn etwas gelungen ist, ein Problem gelöst, ein gutes Gespräch erlebt, alles, was ein Geschenk für das Leben ist. Verständlich, dass man dann nicht mehr auf den Grund unter den Füßen achten muss.

Dass Jesus über das Wasser geht, ist für mich nicht mehr ein Wunder. Jedenfalls muss ich darüber nicht nachdenken, wie das gehen könnte, das Unmögliche, die Durchbrechung der Naturgesetze. Es ist doch ganz selbstverständlich. Wer so leicht ist, wer die Bleigewichte der Sorge abstreift (*Sorget nicht* ...), wer das Kleinsein und die Phantasie nicht vergisst (*Lasst die Kinder zu mir kommen* ...), wer anderen etwas zutraut (*Nimm dein Bett und geh* ...), wer dem Himmel so zugewandt ist, dass er Gott wie Vater oder Mutter sieht, der braucht auf den Boden nicht zu achten, der geht zwei Zentimeter über dem Grund, gleich ob er Erde oder Wasser ist.

Ich erinnere mich an Tage in der Schulzeit, wenn im Winter die Kälte unter null Grad eine erste Eisschicht auf einen kleinen Teich im Park in der Nähe gebracht hatte. Das forderte in der Pause oder nach der Schule zur Mutprobe heraus. Man konnte über das Eis gehen, wir nannten es Gummi-Eis. Es war noch nicht fest genug zu sicherem Gehen. Man musste schnell genug, aber auch vorsichtig sein. Mit acht bis zehn Schritten war das andere Ufer erreicht. Das Eis bog sich knirschend und natürlich oft: Bei den letzten Schritten krachte es ein. Das Wasser ging nur etwas über den Knöchel, und so war es kein lebensgefährliches Spiel. Man handelte sich nur den Ärger und den Spott ein.

Das ist die Gegenerfahrung zu dem einen Tag des Fliegens. Der Boden schwankt, und es gilt, schnell hinüberzukommen. Der Grund trägt nicht mehr, und es soll sich nicht ein Riss auftun. Ein Gefühl unergründlicher Angst kommt auf, und in dem Wort ist schon gesagt, dass der feste Grund fehlt. In der Ballade „Der Reiter und der Bodensee" hat Gustav Schwab das Gefühl des Grauens beschrieben, das den Reiter trifft. Er will den nächsten Ort am Ufer des Sees erreichen, um dann überzusetzen. Aber immer weiter öffnet sich die Ebene, der Boden klingt hohl unter den Hufen, und endlich erreicht er Häuser. Doch ohne es zu ahnen, ist er über den gefrorenen See geritten und schon am anderen Ufer angekommen. Jetzt holt ihn die bodenlose Angst ein.

Im Ohr ihm donnerts wie krachend Eis,
Wie die Well umrieselt ihn kalter Schweiß.

Da seufzt er, da sinkt er vom Roß herab,
Da ward ihm am Ufer ein trocken Grab.[34]

Der Gedanke an das mögliche Unglück ist stark genug und verdrängt die schon erlebte Rettung. Das Unmögliche kann nicht sein, und so zieht allein der Gedanke an die Bedrohung in die Tiefe.

So ist das wohl auch mit Petrus in seinem spontanen Glaubensmut, der Jesus auf dem Wasser entgegengehen will. Er erschrickt und beginnt zu sinken. *Herr, hilf mir!* (Matthäus 14, 22-33) Nicht der Tag des Fliegens, sondern des Untergangs ist unsere gängige Erfahrung, ein leiser Zweifel und schon ist der Halt verloren. In der Gemeinschaft Jesu finden sich nicht die Glaubenshelden, sondern eher die in ihren Problemen einbrechen und von der Angst hinuntergezogen werden. Auch dem Bekenner Petrus, der doch ein Glaubensfels sein sollte, der Leiter der Gemeinde, der Papst, er bricht ein und holt sich nasse Füße.

Mehr als dass dem Zweifler oder dem Kleingläubigen eine Lektion erteilt wird oder stärkeres Glaubenstraining empfohlen wird – die Geschichte unterstreicht die Ehrfurcht vor dem Heiligen. Jesus kommt vom Berg, von seinem einsamen Gebet mit Gott. Er kommt aus einer Sphäre des Heiligen. Wer Gott so nahe kommt, wird anderen fremd, hat selbst etwas von der Unnahbarkeit Gottes an sich. Deshalb erschrecken die Jünger. „Es ist ein Gespenst", und sie schrien vor Furcht. Auch sie sind vom Dunkel herabgezogen. Gott in der Tiefe? Erst die persönliche Stimme rettet aus der Gefahr. „Seid getrost. Ich bin's. Fürchtet euch nicht." Die hingestreckte Hand hält fest vor dem Wegsacken in die Tiefe. Die Begegnung mit dem Heiligen hat nicht die Auflösung der Person zur Voraussetzung, nicht sich zu verlieren an die Jenseitigkeit Gottes. Sondern: *Du mit deinem Mut, der du so leicht den Zweifeln unterliegst, komm aus dem Boot und lass dich von der Hand Jesu festhalten. Denn alleine gehst du unter.*

Es wird erzählt, dass die Fischer auf den Lofoten, wenn ein schwerer Sturm droht, nicht das tun, was das Selbstverständliche wäre, Zuflucht im Hafen zu suchen. Im Gegenteil, sie lösen die Boote von der Ankerkette und fahren hinaus. Im Hafen, das haben sie zu oft erlebt, werden die Boote zerschlagen. Aber wenn sie es wagen, hinauszufahren, gegen die Wellen und die Angst anzugehen, dann konnten sie sich und die Boote retten.

Sich in die Arme des dunklen Gottes fallen zu lassen, den Abgrund merken, aber gerade da festgehalten zu sein und Heil und Halt zu erfahren, so kann Glaube beschrieben werden. Man kann ihn nicht erwerben und antrainieren. Der Glaube wird nur wie die Hand erfahren, die sich dem Ertrinkenden hinstreckt. Mit staunendem Erkennen wird gesagt: *Du bist wahrhaftig Gottes Sohn.*

Die Leichtigkeit an Tagen des Fliegens ebenso wie das Bewahrtsein an Tagen über der Tiefe sind die Erfahrungen der heiligen Nähe Gottes.

4. Eindrücke und Begebenheiten

Glücklich, die ihr glaubt – ein orthodoxer Gottesdienst

Ich werde die Gefühle von Berührtsein und Ergriffenheit nicht so leicht vergessen, die bei der Teilnahme an einem orthodoxen Gottesdienst da waren. Auch wenn die Sprache fremd ist, bleibt die Faszination durch die ganze Atmosphäre. Es ist, als ob man in das Heilige hineingenommen wird. Der Alltag wird umgeformt und Gottes Gegenwart erfahrbar.

Zu Beginn des Gottesdienstes zieht der Priester in die Kirche ein, mit der geöffneten Bibel auf den ausgebreiteten Händen. Ein Chor singt dazu die Seligpreisungen. Wenn ich teilnehme, komme ich aus dem Alltag mit den Zwiespältigkeiten, den Belastungen, dem Einerlei, vielleicht beladen mit Sorgen oder auch mit gelassener Zufriedenheit.
Und jetzt werde ich in die Begegnung mit Gott eingeführt, sein Wort soll zu mir sprechen, im Heiligen Mahl soll ich gestärkt werden.

Ich werde mit dem ganzen Leben in den großen Zusammenhang genommen, der alles umschließt: Vergangenheit und Gegenwart. Es ist mehr, als ich begreifen kann.
Und am Anfang stehen die Seligpreisungen. Diejenigen, die arm, traurig, hungrig, verfolgt sind, ihnen wird gesagt: *Freut euch!*

Das ist der Anfang einer Verwandlung, die jetzt im Gottesdienst geschehen soll. Das Leid und die Rätsel und die Fragen des Lebens bleiben. Alle Personen sind da in ihrer ganz besonderen und unverwechselbaren Prägung. Aber sie treten in das Licht Gottes. Sie sind nicht mehr allein. Sie sind in dieses Licht hineingenommen. Im Schein der vielen Kerzen ist es zeichenhaft abgebildet.

Die Seligpreisungen stehen am Anfang. Sie sind die Zusage der großen Verwandlung.

In einer umkehrenden Übertragung lauten sie so:

„Glücklich, die ihr glaubt, Gott ist euch ganz nah. Seine Liebe kann verwandeln. Nun könnt ihr arm sein vor Gott und den Menschen.
Glücklich, die ihr erfahrt, wie Gott für euch eintritt. Keine Träne ist umsonst geweint. Nun könnt ihr Leid tragen.

Glücklich, die ihr darauf vertraut, dass Gott euch die verheißene Heimat schenkt. Nun könnt ihr sanftmütig, milde und gewaltlos ein.

Glücklich, die ihr davon angerührt seid, dass Gott verstehende und wärmende Zuwendung ist. Nun könnt ihr barmherzig sein."

Auf dem Gipfel

Um Mitternacht war der Aufbruch. Der letzte Anstieg zum Kraterrand des Kilimanjaro sollte bewältigt werden. Fröstelnd krochen wir aus den Zelten. Wir, das war die zufällig zusammengekommene Reisegruppe von 15 Deutschen, die sich diesen Aufstieg als besondere Herausforderung vorgenommen hatten. Fünf Tage waren wir an dem gewaltigen Bergmassiv in Afrika gewandert, mit den Eindrücken der wechselnden Landschaften, auch um den Körper an die Höhe zu gewöhnen, erst der Regenwald, dann die Bergbüsche und schließlich noch karger Fels. Jetzt hatte ich, wie alle anderen die bange Frage: *Wird es gehen? Werde ich genug Luft bekommen in dieser großen Höhe.* Einer hatte schon verzichtet und gesagt: *Ich komme nicht mehr mit.*

Um Mitternacht gingen wir in der frostklaren Nacht los. In langer Kette zogen sich die flackernden Lichtpunkte von unseren Stirnlampen in die Höhe. Ich sah vor mir nur die Füße des Vordermanns. Schritt für Schritt. „Langsam – langsam" – das Wort, das die afrikanischen Begleiter auf Deutsch können. Es hatte uns schon die Tage vorher begleitet. Jetzt war es der notwendige Rat, mit der knappen Luft behutsam umzugehen.

Auf halber Höhe mussten zwei umkehren. *Kann ich alle Kraft zusammennehmen?* Ist es überhaupt Sache der eigenen Anstrengung? Die Kälte kriecht immer mehr in den Körper trotz der Kleidung, die ich doppelt und dreifach anhabe. *Wann kommt endlich das erste Morgenlicht?* „Ich warte auf den Morgen, ja wie die Wächter, so harre ich auf den Herrn." So tief erfahren war dieses Bild vom Morgen noch nicht für mich. Jetzt war die Sehnsucht ganz da. *Ja, wie die Wächter auf den Morgen, so warte ich auf Licht und Wärme.*

Und dann ist die Sonne da, öffnet sich der Blick in die Weite, über Felsen und Schneefelder und über die Wolken. Es ist nicht die eigene Kraft, nicht die Überwindung und Willensanstrengung. Es ist ein Geschenk Gottes. Er lässt den Blick zu auf seine wunderbare Welt. Er erfüllt die Sehnsucht der Wartenden und schenkt die Nähe seiner Heiligkeit.[35]

Der Hirte in den Alpen

Es gibt sie wirklich noch, die großen Schafherden, bewacht vom Schäfer und den Hunden. Es sind nicht nur die Herden, die in der Heide wie auf einen Fototermin für die Wandernden zu warten scheinen. Das idyllische Bild hat sich eingeprägt, abseits von Hektik eins zu sein mit der Natur, die friedlich grasende Herde, der Schäfer gestützt auf den Stock mit der Schüppe. Es gibt sie noch, auch zu Zeiten der Hochmotorisierung.

Aber unser Bild gibt nichts von der harten Arbeit wieder, die dahinterstehen kann, besonders in anderen Regionen, wie etwa in den Alpen. Zu Beginn des Frühjahrs werden die Herden in den Höhen auf Felder getrieben, die von den Bauern nicht mehr genutzt werden können. Dort ist nur karges Futter zu finden. Sie müssen den Weg auf diese hohen Sommerweiden über Straßen und gefährliche Pässe gehen. Mit den Behörden und Landbesitzern müssen die Schäfer zäh über Durchgangs- und Weiderechte verhandeln.

Unterwegs ist die ganze gespannte Aufmerksamkeit nötig. Die Schippe am Stock ist wichtig, damit Erde geworfen werden kann und Schafe auf Gefahren aufmerksam werden. Doch nicht der Hirte allein oder die Hunde können antreiben. Es heißt: Bergauf und an schwierigen Stellen gehen die Schafe am besten allein. Schäfer und Hunde halten sich zurück. Sie würden die Herde an engen Passagen nur beunruhigen. Jedoch bei einem schwierigen Sprung über einen Bach, wenn zwei Schafe zusammenstoßen, ist der Schäfer gleich zur Stelle und holt das Schaf aus dem Wasser. Es ist nur benommen und kann weiterlaufen.

Die Herde – der Hirte –, es gibt sie noch auch jenseits der Idylle, und gerade da hat das Bild aus der biblischen Tradition als Bild für die Beziehung zu Gott seine große Symbolkraft.

Der Herr ist mein Hirte, mir wird nichts mangeln

Es muss nicht das betuliche, des auf den Stock gestützten Bild des Hirten sein, um den herum die Schafe friedlich grasen. Es ist vielmehr ein Bild für Gefährdung und höchste Aktivität. Der Hirte holt das Schaf aus dem Gebirgsbach. Ich denke auch an die Kinder und Jugendlichen, die in den Steppengegenden Afrikas, als Kinder früh gealtert unter der Verantwortung für die Familie oder Sippe, das Vieh hüten. Wenn sie nicht mit ganzer Aufmerksamkeit und mit aller Kraft dabei sind, ist die Existenz eines ganzen Dorfes bedroht.

Das ist für mich das Bild des Hirten: Er ist mit seinem ganzen Leben dabei. Zu viel steht auf dem Spiel. Aber es gibt so viele schlechte Hirten. Das ist schon die Klage der Propheten, Hirten, die sich die Wolle holen, die gemästeten Tiere schlachten, aber nicht das Kranke versorgen oder das Verirrte zurückholen. Ganz früh im Jahr aber auf die mit einem Rest Schnee bedeckten Almen zu steigen, über Lippengrind und Klauenkrankheit Bescheid zu wissen, verirrte Schafe auf dem Rücken zurückzutragen, das ist eine andere Sache.

In der Geschichte der Hirten ist erst ein unumkehrbarer Punkt erreicht, als einer sagt: *Ich bin der gute Hirte.* Der gute Hirte lässt sein Leben für die Schafe. Er sagt es nicht nur, sondern tut es. Dieser eine, Jesus, hat seine Herde anders geführt. Keines seiner Schafe sollte verlorengehen. Ihm galt als Grundsatz für die Gemeinschaft: Nichts ist gleichgültig, auch das Kleinste ist wichtig. Wenn eines leidet, leiden alle. Um das eine Verlorene von den hundert anderen muss man sich kümmern. Er ist ein Hirte, für dessen Herde eine neue Rangordnung gilt: *Wer der Erste sein will, soll für alle dein Diener sein.* Diesem Hirten ist zu vertrauen, weil er selbst alle Wege mitgegangen ist.

Von der Schafherde in den Bergen heißt es also: Im schwierigen Gelände gehen die Schafe besser allein. Hirte und Hunde halten sich zurück. Ich versuche das Vertrauen zu gewinnen, in Situationen, wenn ich verlassen und allein bin, zu glauben: Er, der mein Leben hält, folgt mir. Ich muss den Weg allein gehen, aber der Weg ist richtig. Endlich komme ich zur grünen Aue und zum frischen Wasser. Die Kraft und das vorwärts führende Vertrauen sind in den alten Worten unverwechselbar festgehalten und begleiten das Leben.

Sie schließen die zu einer eigenen Gemeinschaft zusammen, die mit diesem Hirten verbunden sind. Sie haben die besondere Erfahrung von Gemeinschaft, Eigenständigkeit und Leitung.

Die alten Worte können in den Plural verfremdet diese Gemeinschaft ausdrücken.

Der Herr ist unser Hirte,
uns wird nichts mangeln.
Er weidet uns auf grüner Aue
Und führet uns zum frischen Wasser.
Er erquicket unsere Seelen.
Er führet uns auf rechter Straße um seines Namens willen.
Und ob wir schon wanderten im finstern Tal,
fürchten wir kein Unglück;
denn du bist bei uns,
dein Stecken und Stab trösten uns.
Du bereitest vor uns einen Tisch
Im Angesicht unserer Feinde.
Du salbest unser Haupt mit Öl
Und schenkest uns voll ein.
Gutes und Barmherzigkeit werden uns folgen unser Leben lang,
und wir werden bleiben im Hause des Herrn immerdar.

Ein Weltrekord

„Die Welt trifft sich zu friedlichen Wettkämpfen." Die Schlagworte zu Weltmeisterschaften und Olympiaden sind zur Ideologie geworden. Zwar versteht sich, dass es besser ist, sich in sportlichem, statt in kriegerischem Kampf gegenüberzustehen. Doch hat sich die Idee des „Dabei sein ist alles" zum „Gewinnen ist alles" gewandelt, und der Gewinn muss auf das Ansehen der eigenen Nation abfärben. Wer keine Medaille gewinnt, das heißt, wenigstens den dritten Platz gewinnt, ist kaum noch eine Notiz wert. Sport ist zu einem Wirtschaftsfaktor mit großen Geldeinsätzen geworden, mit der Folge, dass der Gewinn auch mit unfairen Mitteln erreicht werden muss. Doping wird erkannt, aber nicht unbedingt konsequent verhindert. In diesem Lebensbereich hat das Leichte und Spielerische dem Ernst absoluter Leistung Platz gemacht. Es ist, wie in manchen Sportarten immer wieder erlebt, zu einem tödlichen Ernst geworden. Die Erfahrung der Leistungsgesellschaft wird spürbar, obwohl gerade hier ein Freiraum von Leistung und Gewinn als einzigem Ziel entstehen könnte. Wie ist ein Maß zu finden? Selbst bei den Paralympics, also den Olympischen Spielen für Behinderte, aus der guten Idee heraus entstanden, ein Gegengewicht gegen die athletische Körperfixierung, ist schon längst ohne Höchstleistungen kein Beifall mehr zu gewinnen.

Psychologen haben festgestellt, dass Bronzemedaillen-Gewinner häufig glücklicher sind als Silbermedaillen-Gewinner. Verständlich, dass der Drittplatzierte sich freut, gerade noch eine Medaille gewonnen zu haben, der Zweite aber unzufrieden ist, weil er die Goldmedaille verpasst hat.

Ist die Freude an fairem Wettkampf, an Bewegung und Training für körperlichen Einsatz, an friedlichem Wettbewerb wiederzugewinnen? Das Bild aus der Kolonialzeit in Afrika hat für mich Bedeutung gewonnen. Die Kolonialbeamten haben die Begabung der Afrikaner für manche Bewegungsabläufe erkannt und veranstalten einen Hochsprung-Wettbewerb. An sich schon ist es absurd oder auch exemplarisch für die Begegnung von Kulturen oder hier besser: die Ausbeutung und Entfremdung der Afrikaner. Die allerdings geschieht auf anderen Gebieten brutal und unerbittlich. Dieser Hochsprung entbehrt nicht der Ironie.

Also: 1890 in Deutsch-Ostafrika, dem heutigen Ruanda, springt ein Afrikaner noch im alten Straddle-Stil, d.h. gehockt, leicht über eine Höhe von 2,40 m, was

bis heute in Weltrekordnähe ist. Der Kubaner Sotomayor hält den Weltrekord im Hochsprung mit 2,45 m seit 1995, einer der ewigen Rekorde. Inzwischen sind die besonderen Fähigkeiten der Afrikaner in manchen Sportarten zur Selbstverständlichkeit geworden. In den Langlauf-Disziplinen hat kein Europäer mehr Siege erringen können.

Aber was zwingt dazu, eine bestimmte Distanz möglichst schnell zu laufen? Es wird gesagt, dass Angehörige der Khoi San, einem Volk in Botswana und Namibia, wahrscheinlich jeden Marathonlauf gewinnen würden. Jemand läuft 40 Kilometer in uneinholbarer Geschwindigkeit. Doch dann sieht er ein Tier, eine Pflanze oder einen seltenen Stein und bleibt stehen. Die Verrücktheit, genau 42,185 km zu laufen, ist ihm nicht zu vermitteln. Deshalb ist mir das Bild trotz seiner kolonialen Vergangenheit sympathisch: ein Hochsprung, der die Leistungsgrenzen sprengt, aber nur hier und so und nicht in einem Stadion stattfinden kann.

Gibt es Ziele oder eine Motivation, sich mit seinen Leistungen zu steigern, möglichst weit zu kommen, vielleicht seine Grenzen zu erkennen? Nicht alles muss einem Ziel untergeordnet werden. Aber Übung, Training, Überwindung von Trägheit sind Vorhaben, die auch zur Lebensgestaltung dazugehören. Paulus hat von solcher eigenen Anstrengung gewusst und den Sport als Beispiel verwendet. „Wisst ihr nicht, dass die, die in der Kampfbahn laufen, die laufen alle, aber einer empfängt den Siegespreis. Lauft so, dass ihr ihn erlangt. Jeder aber, der kämpft, enthält sich aller Dinge; Jene nun, damit sie einen vergänglichen Kranz empfangen, wir aber einen unvergänglichen. Ich aber laufe nicht wie aufs Ungewisse; ich kämpfe mit der Faust, nicht wie einer, der in die Luft schlägt, sondern ich bezwinge meinen Leib und bezähme ihn, damit ich nicht andern predige und selbst verwerflich werde." (1. Korinther 9, 24-27)

Der sportliche Glaube weiß, dass die geschenkte Gnade so groß ist, dass sie selbstverständlich das Training von Körper, Seele und Geist in Gang setzt und ein Ziel vor Augen hat. Paulus: „Ich vergesse, was dahinten ist, und strecke mich aus nach dem, was vorne ist, und jage nach dem vorgesteckten Ziel, dem Siegespreis der himmlischen Berufung Gottes in Christus Jesus." (Philipper 3, 13-14)

Wenn das Ziel klar ist, wird die Anstrengung selbstverständlich. Sie verliert aber ihren Selbstzweck und lässt Freude und Leichtigkeit nicht vergessen.

Die Schrift an der Wand – ein Graffiti

Grauen Wänden Farbe zu geben, ist wohl der erste Impuls, dass jemand mit Spraydosen losgeht, um diese Wände umzugestalten. Natürlich spielt der Eigennutz mit, auch selbst aus dem grauen Einerlei herauszutreten und persönlich sichtbar zu werden. Den Zorn der Etablierten auszulösen, ist vielleicht noch ein zusätzlicher Reiz. Für den Vorbeifahrenden sind es bunte Wände. Die unterschiedlichen Handschriften, die wohl für die Spezialisten unverwechselbar sind, bleiben der Allgemeinheit verschlossen. Immerhin ist in einigen Kommunen der Schritt von der Empörung zu gelenkter Gestaltung möglich geworden. Graffiti-Sprayern wurden Wände zugestanden, ohne dass Sanktionen zu befürchten waren. Es war der Schritt zu einer gewissen künstlerischen Anerkennung. Die Figuren und zum Teil buchstabenähnlichen Formen bleiben dem Laien aber fremd, und die Sprache der Wandfarben ist nicht zu übersetzen.

Ein augenblickliches Erkennen gab es für mich bei dieser Wand, die an diesem Ort anscheinend auch besonders aufgestellt war für diese Gestaltung. In der verfremdeten Form der Graffiti-Buchstaben ist das Wort Sorge zu erkennen. Der Anstoß zum Nachdenken ist sofort erreicht. Ist es der Ausruf des Gestaltenden, ist seine Besorgnis über den Zustand der Gesellschaft zu hören? Suchen die Anteile von Sorge, die in mir selbst sind, ihre Aufmerksamkeit? Unterschiedliche Assoziationen werden gleichzeitig wach.

Darunter ist auch diese Erinnerung. Die prophetische Schrift an der Wand ist exemplarisch im Buch Daniel beschrieben und von Daniel gedeutet worden, der wie andere aus der Oberschicht Israels von Nebukadnezar in das Exil nach Babylon gebracht wurde. Nebukadnezar hatte Israel erobert, den Tempel zerstört und alle Schätze nach Babylon abtransportieren lassen. Sein Sohn Belsazar missbraucht die heiligen Geräte bei einem Festgelage. Und da erscheint die Schrift an der Wand, die keiner von seinen Wahrsagern zu deuten weiß. Bis Daniel geholt wird. Er übersetzt nicht nur, sondern deutet die Schrift als prophetische Mahnung und Drohung. Denn obwohl Belsazar das erschreckende Ende seines Vaters kannte, hat er daraus nicht gelernt.

„Du wusstest dies alles und hast dein Herz nicht bezwungen. Du hast dich in deinem Stolz gegen den Herrn des Himmels erhoben. Die Gefäße seines Tempels hast du herholen lassen, und ihr habt aus ihnen getrunken. Du hast deine Götter

gerühmt, die weder sehen noch hören noch wissen, und hast nicht den Gott gepriesen, von dem du deinen Atem hast und vor dem du alle deine Wege verantwortest. Darum sandte er diese Hand, und sie schrieb diese Schrift. So lautet sie: ‚Mene mene tekel uparsin.' Und dies ist die Deutung: ‚Mene': Gott hat die Tage deines Königtums zusammengezählt und ihr Ende bestimmt; ‚tekel': Du bist auf der Waage gewogen und zu leicht befunden; ‚uparsin': Dein Königreich ist zerrissen und den Medern und Persern gegeben."[36]

Lakonisch endet die Geschichte: In derselben Nacht wurde Belsazar, der König der Babylonier, umgebracht.

Das Menetekel ist so zur geheimnisvollen Chiffre für zu erahnendes und drohendes Unheil geworden. Ein Graffiti mit „Sorge" als Menetekel für heute? Das Menetekel in der Geschichte Babylons ist in die konkrete Aussage der Strafe für ein Sakrileg am Königshof eingebunden. Mit einer Sorge um die Situation heute ist ein allgemeines Gefühl der Ängstigung und Unruhe ausgedrückt, dessen Gewicht sich an der realen Wirklichkeit zeigen muss. In der weit gefassten Befürchtung wird jedoch auch eine Wachheit und die Absicht erkennbar, die gegenwärtige Situation genauer erfassen und Wendungen zum Guten angehen zu wollen.

Anders beim alt gewordenen Faust. Hier treten am Ende der unvergesslich beeindruckenden Tragödie Goethes die vier grauen Weiber auf: Mangel, Schuld, Sorge und Not. Die Sorge bleibt als einzige, und in ihrer Gestalt ist alles, was wachsam für nötige Änderungen ist, überdeckt von grauer Unentschlossenheit und Lähmung:

Wen ich einmal mir besitze,
Dem ist alle Welt nichts nütze;
Ewiges Düstre steigt herunter,
Sonne geht nicht auf noch unter,
Bei vollkommnen äußern Sinnen
Wohnen Finsternisse drinnen,
Und er weiß von allen Schätzen
Sich nicht in Besitz zu setzen.
Glück und Unglück wird zur Grille,
Er verhungert in der Fülle;
Sei es Wonne, sei es Plage,
Schiebt er's zu dem andern Tage,

Ist der Zukunft nur gewärtig,
Und so wird er niemals fertig.

„Hör auf!“, fährt Faust dazwischen. Diese Litanei, die doch die Wahrheit überdeutlich beschreibt, mag er nicht hören. Aber unbeirrt zählt die Sorge die Ambivalenzen auf, zwischen denen der Sorgenbesetzte ohnmächtig und gelähmt steckenbleibt.

Soll er gehen, soll er kommen?
Der Entschluß ist ihm genommen;
Auf gebahnten Weges Mitte
Wankt er tastend halbe Schritte.
Er verliert sich immer tiefer,
Siehet alle Dinge schiefer,
sich und andere lästig drückend,
Atemholend und erstickend;
Nicht erstickt und ohne Leben,
Nicht verzweifelnd, nicht ergeben.
So ein unaufhaltsam Rollen,
Schmerzlich Lassen, widrig Sollen,
Bald Befreien, bald Erdrücken,
Halber Schlaf und schlecht Erquicken
Heftet ihn an seine Stelle
Und bereitet ihn zur Hölle.[37]

Für heutige Zeit beschreibt die Sorge genau, was sich sonst auch im Diagnose Handbuch für das Krankheitsbild einer Depression findet. Und für die Jahrhunderte vor Goethe sind es Beschreibungen von Lastern, in deren Tradition die Sorge steht. Die *tristitia* ist die schwermütige Traurigkeit, aus der auch der Glaubende nur schwer herauskommt. Die *acedia* ist mehr als das Müßigsein. Es ist auch die Unfähigkeit zum Handeln, die Lähmung, die zu keiner Entscheidung fähig ist.

In seinen Trostbriefen hat Luther Hinweise gegeben, dieser Sorge keinen Raum zu geben. Die Musik kann helfen und die Gemeinschaft mit anderen, damit nicht im Alleinsein die Stimme des Teufels überlaut und verführerisch wird und die Person wirklich „zur Hölle bereitet“ wird.

Und schließlich das stärkste Mittel: Der Glaube verlässt sich auf das Vorbild der Vögel unter dem Himmel und der Lilien, das Jesus vor Augen führt. Sie tragen keine Sorge und genügen sich selbst. „Darum sorgt nicht für morgen, denn der morgige Tag wird für das Seine sorgen. Es ist genug, dass jeder Tag seine eigene Plage hat.“ (Matthäus 6,34)

Die Kraft dazu kommt nicht aus eigenem Entschluss. Sie kann als Bitte im Gebet gesagt werden. Paul Gerhardt dichtet es im Lied:

> *Hilf gnädig allen Kranken, gib fröhliche Gedanken*
> *Den hochbetrübten Seelen, die sich mit Schwermut quälen.* (EG 58, 13)

Ein Fachwerkbau

Schon in der frühen Zeit des Häuserbaus hat man nicht nur Steine, sondern auch Holz verwendet und hat bald die geschickte Weise entwickelt, Balken so zu verbinden, dass ein festes Gerüst entsteht. Die Fächer dazwischen hat man mit Geflecht und Lehm verputzt, so dass die Wand geschlossen wurde. Senkrechte und waagerechte Balken brauchten zur Verbindung ein kleineres Kantholz, das in einer Dreiecksverbindung zur Stabilisierung verhalf. Mit einem Blick, der für Symbolisches offen ist, kann man eine Lebensweisheit damit verbinden. Der waagerechte Balken steht für die Person, das, was ihre Individualität und Unverwechselbarkeit ausmacht. Der senkrechte kann das Bild für alle Gegebenheiten der Umwelt, besonders auch die Belastungen stehen, die zu tragen sind. Der kleinere Verbindungsbalken ist dann das Symbol für eine stärkende Kraft, den Glauben, die Zuversicht, die für jedes Lebensgebäude nötig sind.

In vielen Städten älterer Geschichte ist man erstaunt und erfreut über die Vielzahl der Fachwerkbauten. Oft sind sie mit Verzierung und Bemalung besonders schön gestaltet, und man geht nachdenkend und dankbar durch die Straßen. Oft sind auf den Balken über der Tür nicht nur die Namen der Erbauer eingeschnitzt, sondern auch Segenswünsche und biblische Worte.

„Wenn der Herr nicht das Haus baut, so arbeiten umsonst, die daran bauen. Wenn der Herr nicht die Stadt behütet, so wacht der Wächter umsonst" (Psalm 127, 1). Das Vertrauen auf solchen Schutz soll damit ausgedrückt werden, ganz gleich, welche Worte für das einzelne Haus ausgewählt wurden.

Eine besondere Fachwerkwand findet sich in der Kapelle in Hohleborn, ein Teil von Floh-Seligenthal in Thüringen. In das Fachwerk ist ein Kreuz eingefügt. Es trägt zwar nicht die Wand, aber es bildet eine Altarwand eigener Art. Bei den Gottesdiensten lädt es zur Andacht ein, unabhängig von dem, was gebetet, gesungen oder gepredigt wird. Es bildet den heiligen Hintergrund.

5. Körpererfahrungen

Die Brille

„Ist das jetzt besser oder schlechter?“
Ich sitze hinter dem Apparat beim Augenarzt. An der Wand erscheinen die Buchstaben und Zahlen, oben groß und unten immer kleiner. Mit Mühe kann ich das B vom S unterscheiden. Der Arzt wechselt wieder die Gläser. „Ist das jetzt besser oder schlechter?“ „Besser ... besser ... Nein das erste war besser.“ Dann steckt er eine große Brille zusammen. „Jetzt gehen Sie an das Fenster und gewöhnen Sie die Augen daran. Lassen Sie sich Zeit.“ Und nach einer Weile merke ich: *Ja, es ist gut so.* Dann mit dem Rezept zum Optiker und das Gestell aussuchen. So ist die Brille zum notwendigen und dauernd gebrauchten Alltagsgegenstand geworden. Die Gleitsichtbrille brauchte Eingewöhnung. Fern- und Nahsicht in einem Glas zu haben, war zuerst schwierig, besonders beim Treppensteigen. Kopf und Augen mussten die genaue Einstellung suchen. Jetzt geht es nicht mehr ohne diese Brille.

Ist das jetzt besser oder schlechter? Man nähert sich langsam der guten und besten Sichteinstellung. Das Verschwommene wird immer klarer. Alle Brillenträger kennen das.
Es gibt eine Geschichte im Neuen Testament, wo Jesus fast wie ein Augenarzt handelt. Nur im Markusevangelium ist diese Geschichte überliefert. (Markus 8, 22-26)

„Und sie kamen nach Betsaida. Und sie brachten zu ihm einen Blinden und baten ihn, dass er ihn anrühre. Und er nahm den Blinden bei der Hand und führte ihn hinaus vor das Dorf, tat Speichel auf seine Augen, legte seine Hände auf ihn und fragte ihn: Siehst du etwas? Und er sah auf und sprach: Ich sehe die Menschen, als sähe ich Bäume umhergehen. Danach legte er abermals die Hände auf seine Augen. Da sah er deutlich und wurde wieder zurechtgebracht, so dass er alles scharf sehen konnte. Und er schickte ihn heim und sprach: Geh nicht hinein in das Dorf.“

Das Bewegende und Sympathische der Geschichte ist die allmähliche Entwicklung des Wunders. Nicht im Augenblick und nicht mit plötzlichem Einbruch in die Wirklichkeit geschieht es, sondern es enthüllt das Geheimnis von Nähe und

Begleitung. Jesus stellt sich ganz auf den Blinden ein, geht mit ihm nach draußen vor das Dorf. In dem Alleinsein der beiden steckt Nähe und Konzentration. Und dann kommen die Stufen des immer besseren Sehens.

An Jesus, den Augenarzt, werde ich in Augenblicken des bewussten Wahrnehmens meiner Brille erinnert. Und an das Blindsein. Da ist einer, der hat die Augen verschlossen. Es ist ein nötiger erster Schritt, den, der die Augen vor allem verschließt, erst einmal wegzuführen von den stechenden, bohrenden Augen der anderen, erst einen Schutzraum zu schaffen, wo er nicht mehr automatisch vor Angst die Augen verschließen muss.

Und dann das Handauflegen, die Berührung, die Nähe. Es ist fast so, wie die Mutter das Kind in den Arm nimmt, streichelt, auf die Wunde pustet, und das verletzte Kind ist geborgen. Aber im Arm kann es nicht bleiben. Es muss wieder selbstständig werden.

Der die Augen verschlossen hat, macht einen ersten Versuch, sie zu öffnen. Die Wirklichkeit kann da noch gar nicht richtig gesehen werden. Aber was ist richtig, was ist wirklich? Das, was kritisch scharfe Beobachter sehen? Das, was ich durch meine Brille sehe?

Der wieder mühsam vorsichtig die Augen öffnet, sieht erst eine eigene Welt. Doch für ihn ist sie genauso real. Und wehe, wir würden sie ihm in Frage stellen. Es gibt neurologische Symptome des Sehens, die dem Bild von „Menschen wie Bäume" nahekommen, einen halben Bildausschnitt als ganzen wahrzunehmen zum Beispiel. Er braucht noch Zeit, er braucht noch Schutz.

Es kann auch sein, dass aus der Verschlossenheit, der Angst und der Traurigkeit heraus erst ein verschwommenes Sehen durch Tränen hindurch möglich ist. Es ist gut und heilsam, dann jemanden an der Seite zu haben, der es aushält, nicht zurückdrängt und weiter unterstützt. Wenn Tränen kommen, muss die Brille auch erst abgesetzt werden.

Als dieser Mensch wieder klarsehen kann, braucht er auch erst die Zeit, sich zu gewöhnen, nicht sofort zurückzukommen in die raue Umgebung, sich in der eigenen Wahrnehmung wieder zu orientieren.

In Momenten des Nachdenkens kann jede Brille an unsere eingeschränkte Sehfähigkeit erinnern. „Ist das jetzt besser oder schlechter?" Beim Prüfen der Sehstärke fragt der Augenarzt mechanisch. Ist die Brille dann da, muss das klare Sehen über die äußere Wirklichkeit hinausgehen. Besser sehen wir, wenn Menschen mit behutsamer Nähe begleiten. Besser sehen wir, wenn wir mit dem Herzen sehen. Besser sehen wir, wenn der Arzt Jesus uns die Augen öffnet.

Der Herzschrittmacher

„Hier, können Sie das fühlen?“, sagt der Patient, „das ist der Herzschrittmacher.“ „Sehen Sie die Wunde am Bein. Sie wird bald heilen. Wahrscheinlich bleibt eine Narbe.“ „Hier, die Naht von der Operation, sie sieht man noch; aber die Operation ist gut überstanden.“

Bei Besuchen im Krankenhaus oder bei Kranken zu Hause ist es beim ersten Mal sehr verwunderlich, dass ungefragt Narben und Wunden gezeigt werden. Man ist nicht darauf eingestellt, in das einbezogen zu werden, was doch ganz persönlich und auch mit Scham besetzt ist. Für den jedoch, der selbst Krankheit und Operation durchgemacht hat, wird es wieder sehr verständlich. Alle Gedanken kreisen ja um das, was der Körper mitzumachen hat. Die Narbe der Operation ist das äußere Zeichen. Innerlich muss ein langer Weg durch Bangen und Angst gegangen werden, um dann wieder erste Schritte zur Gesundung zu finden. Das Zeigen der Wunde ist der Beginn der Bewältigung von dem, was als so einschneidend für das Leben erfahren wird. Es ist nicht nur der Körper. Geist und Seele sind gleichermaßen beeinträchtigt. Das ganze Leben ist nicht das unversehrte, sondern eines, das die Narben von Krankheit und Todeserfahrung trägt.

Die Legende des Heiligen Martin erzählt, dass der Teufel ihn versuchen wollte. Er erscheint ihm in majestätischer Pracht wie ein König. Er sagt: „Martin, ich danke für deine Treue. Du sollst erfahren, dass auch ich dir treu bin. Du sollst jetzt immer meine Nähe spüren und dich an mir festhalten.“ Der Heilige Martin fragt: „Wer bist du denn eigentlich?“ „Ich bin Jesus, der Christus“, antwortet der Teufel. „Wo sind denn deine Wunden?“, fragt Martin zurück. „Ich komme aus der Herrlichkeit des Himmels“, sagt der Teufel, „da gibt es keine Wunden.“ Darauf Martin: „Den Christus, der keine Wunden hat, mag ich nicht sehen. An dem Christus, der nicht das Zeichen des Kreuzes trägt, kann ich mich nicht festhalten.“[38]

An den Wunden ist Christus zu erkennen. Das Johannesevangelium erzählt, dass der Auferstandene es Thomas erlaubt, die Wundmale zu berühren, dem Jünger Thomas, der sehen und erfahren möchte, bevor er glauben kann. Christus ist nicht der himmlisch Unberührbare. Er wird verletzt, gefoltert und getötet. Die Zeichen des Kreuzes bleiben auch dem Auferstandenen. So wird er in den

Osterbildern dargestellt. Der Auferstandene segnet mit den Händen, die von den Wundmalen gezeichnet sind.

„Fürwahr, er trug unsere Krankheit und lud auf sich unsere Schmerzen." In dem Lied des Gottesknechtes bei Jesaja (Jesaja 53, 4) hat die christliche Gemeinde den gekreuzigten Christus wiedererkannt. Für die Kranken, die mit ihrer ganzen Person auf die Wunden und Narben einer Operation ausgerichtet sein müssen, können die Gedanken an den Weg Jesu eine Stärkung und Hilfe sein.

Der aufmüpfige Magen

Der Magen führte einst Klage. So beginnt eine schon seit der Antike überlieferte Parabel. Der Magen beschwert sich bei den anderen Körperteilen. „Ihr achtet mich nicht. Ihr meint, ich sei träge und faul." So war wohl der neidische Vorwurf gewesen. Das wachsame Auge war stolz auf seine schnelle Aufmerksamkeit. Die Hand war immer in Bewegung, konnte zupacken und gestalten. Und der Mund konnte missbilligend sagen: „Ich kaue und zerteile die Nahrung, und du bekommst nur die kleinen Portionen." Schließlich dachte der Magen: „Wenn alle mich verachten und nicht anerkennen, dann muss ich ihnen zeigen, wie wichtig ich bin." Und er stellte seine Arbeit ein.

Zuerst bemerkte der Körper nichts. Das Auge sah, die Hand griff, der Mund kaute. Doch bald wurde das Auge müde, die Hand schlapp, der Mund ohne Kraft. Dann merkten alle Gliedmaßen, dass etwas fehlte und sie nicht weiterkonnten. Und mit Bitten und Flehen gehen sie zum Magen: „Nimm deine Arbeit wieder auf. Wir sterben vor Schwäche." Der Magen ließ sich beschwichtigen, und bald kamen alle wieder zu ihrer gewohnten Kraft. Seitdem waren sie nicht mehr überheblich gegen den scheinbar so trägen Magen.[39]

Die Parabel ist ebenso einleuchtend, wie auch in ihrer Aussage schwer umsetzbar. Eine Gleichheit in der Unterschiedlichkeit einzusehen, ist in allen menschlichen Bereichen eine schwierige Aufgabe. Im Körper läuft das Zusammenspiel aller Funktionen selbstverständlich. Das jedenfalls ist die Vorstellung für alle Begriffe von Gesundheit. Eine Krankheit erst schärft die Aufmerksamkeit. Der Blick richtet sich inzwischen nicht mehr nur auf das rein körperliche Befinden. Der Leib ist als Organismus verstanden, und eine ganzheitliche Betrachtung ist zu einem hohen und notwendigen Wert geworden. Dass körperliche, seelische, soziale und spirituelle Bereiche in gleicher Weise zu einem Verständnis für den Menschen gehören, hat sich auch in manchen Teilen moderner Medizin durchgesetzt.

In den Diskussionen um Wohlbefinden und Gesundheit wechselt der Blick immer wieder von einer ganzheitlichen Sicht zur Betonung von Einzelaspekten. Was notwendig sei, wird gelegentlich mit Vehemenz für die Unbedingtheit einer bestimmten Sache vorgetragen, sei es von Ernährung, Bewegung, Entspannung oder geistiger Einstellung. Dann wieder muss die Einseitigkeit zurückgenommen werden, und eine ganzheitliche Sicht ist notwendig. Wenn die Beachtung auf andere Organe fällt, muss der Magen sich erst beschweren und den Blick auf die Gleichberechtigung aller Teile einfordern. So ist eine andere Sicht als die übliche für die Gesundheit zu gewinnen. Viktor von Weizsäcker hat sie eindrucksvoll folgendermaßen ausgedrückt: *Gesundheit heiße nicht: normal sein, sondern heiße: sich in der Zeit verändern, wachsen, reifen, sterben können.*

Die Parabel vom Körper und seinen Teilen wird von Paulus im 1. Korintherbrief aufgegriffen. Über die Einheit in der Verschiedenheit gibt es in der Gemeinde Konflikte. Dafür ist das Gleichnis von den Körperteilen eine kritische und hilfreiche Lehre.

„Es ist wie bei einem menschlichen Körper. Wie der Leib ein in sich ganzer und lebendiger Organismus ist und doch viele verschiedene Organe hat, und wie alle Organe des Leibes trotz ihrer Verschiedenheit doch ein einziger Leib sind, so ist es auch mit uns, die wir zu Christus gehören. Wir alle sind in einem Geist zu einem Leib getauft worden, ob wir Juden sind oder Griechen, Sklaven oder Herren. Wir sind alle mit einem Geist getränkt worden.

Auch ein Körper besteht nicht aus einem einzelnen Organ, sondern aus einer Fülle verschiedener Organe. Wenn der Fuß spräche: ‚Ich bin keine Hand, darum bin ich kein Teil des Leibes!‘, hörte er damit noch lange nicht auf, zum Leibe zu gehören. Oder wenn das Ohr spräche: ‚Ich bin kein Auge, darum bin ich kein Teil des Leibes!‘, hörte es doch nicht auf, Teil des Leibes zu sein. Wenn der ganze Leib Auge wäre, wo bliebe das Gehör? Wenn der ganze Leib Gehör wäre, wo bliebe der Geruchssinn? Nun hat aber Gott die einzelnen Organe gestaltet und hat jedes in den Leib hineingeordnet, wie er wollte. Wenn aber nun jedes Organ wäre wie das andere, wie könnte ein Leib entstehen? Nun sind aber viele und verschiedenartige Organe, und sie alle machen miteinander einen Leib aus. Das Auge kann nicht zur Hand sagen: ‚Ich brauche dich nicht!‘ Oder der Kopf zu den Füßen: ‚Ich brauche euch nicht!‘ Vielmehr sind die Glieder des Leibes, die schwächer und unbedeutender scheinen, besonders notwendig. Die uns für den Leib weniger wichtig scheinen, behandeln wir mit besonderer Sorgfalt, und die wir ungern zeigen, weil wir uns schämen, verhüllen wir mit schmückenden Kleidern. Was ohnedies schön ist, hat es ja nicht nötig.

Gott aber hat den Leib aus so unterschiedlichen Gliedern gemischt und hat dem benachteiligten Organ besonders viel Ehre zugedacht, damit keine Spaltung im

Leib entstehe, sondern die verschiedenen Organe einträchtig füreinander sorgen. Wenn ein Glied Schmerz empfindet, leiden sie alle. Wenn ein Organ etwas Schönes erlebt, freut der ganze Leib sich mit.

Ihr aber seid der Leib des Christus und jeder auf seine Weise sein Glied.“[40]

Es ist eine eindrucksvolle Anwendung der alten Parabel, mit der Paulus auf die Konflikte in der Gemeinde in Korinth eingeht. Nicht nur auf die Gleichheit in der Unterschiedlichkeit ist hingewiesen. Mehr noch, in der Verschiedenheit zeigt sich doch das eine Bild. Sie alle zusammen bilden Christus ab. Und so ist jeder und jede einzelne auch Teil von Christus. Leiden oder Trost ist Sache nicht nur des Einzelnen, sondern wie von selbst sind alle in der Gemeinschaft in diesen Organismus einbezogen. Das ist der Sinn der Gemeinschaft der Heiligen.

Von der Kultur Russlands ist die Figur der Puppe in der Puppe überliefert und in anderen Kulturen übernommen worden. In das Äußere einer Holzpuppe ist eine gleiche oder ähnliche kleinere Gestalt eingepasst, in diese wiederum eine kleinere, bis schließlich zehn oder mehr immer kleiner werdende Puppen auftauchen. Ein anregendes Spiel kann entstehen mit dem Hervorholen und wieder Verstecken der ähnlichen Gestalt.

Man kann es als augenfällige Demonstration der Unterschiede im Gleichen verstehen. Es ist als Symbol einer Gruppe in ihrer Ähnlichkeit zu deuten, wenn man von Groß- und Kleinsein als charakteristische äußere Unterscheidung absieht. Alle zusammen bilden eine Gestalt.

Auch als Beispiel für eine einzelne Person kann es genommen werden. Es lässt die Deutung auf die unterschiedlichen Organe des Körpers zu, die weder überheblich sein und auf andere herabsehen dürfen, noch im gesamten Organismus sich selbst als minderwertig ansehen sollen. Die Puppe kann dann als Symbol für das ganzheitliche Zusammenspiel genommen werden, das durch körperliche, seelische und geistige Anteile eines Menschen gebildet wird. Die organische Gesamtheit des einzelnen Individuums spiegelt die Person Christi ebenso, wie es auch die aus den vielen gebildete Gruppe der Gemeinde tut.

Spielerisch ist mit der Puppe in der Puppe ein sonst so schwer nachzuvollziehender theologischer Gedanke sinnenfällig gemacht. Es sind die Aussagen von paradoxer Gleichzeitigkeit, die dem Glauben Beschwer machen. Gott ist in

menschlicher Gestalt. Der Mensch ist erlöst und bleibt doch Sünder. Das Heilige ist in uns und ist doch unnahbar. Immer wenn sich das Nachdenken nur in eine Richtung bewegt, wird es zurückgerufen: Es gilt in gleicher Weise die andere Seite. Die Gleichzeitigkeit ist aber nicht anders aufzulösen, als dass die Perspektive aufmerksam gewechselt wird.

Beim Öffnen der Puppe können die einzelnen Teile wie innere Schichten des Menschen einen Namen und eine Bezeichnung bekommen. Es gehört alles zur Individualität einer Person dazu: Gestalt, Charakter, Bewusstsein bis hin zum Unbewussten, der Glaube und die Vorstellung von einem heiligen Kern in uns, alles ist Teil der Person. Das alles gehört zur Individualität dieser Person. Es kann einzeln mit seinem unverwechselbaren Wert die Aufmerksamkeit fordern und muss dann wieder zusammengeordnet werden zum Ganzen. Zwischen dem ganzen Organismus und den einzelnen Teilen geht die oszillierende Bewegung hin und her. Mit dem Öffnen und Schließen der Puppe wird sie nachvollziehbar sichtbar.

Die innere Puppe kann das Bild für einen heiligen Kern sein. Das Ganze aber, zusammengefügt aus unendlich wertvollen Teilen, macht die Heiligkeit der Person aus.

Anmerkungen

1 Jörg Zink, Gotteswahrnehmung. Wege religiöser Erfahrung, Gütersloh 2009, 162.

2 Paul Tillich, Systematische Theologie Band 1, 3. Aufl. Stuttgart, 1956, 303.

3 Hermann Hesse, „Spruch", aus: Sämtliche Werke in 20 Bänden. Herausgegeben von Volker Michels. Band 10: Die Gedichte. © Suhrkamp Verlag Frankfurt am Main 2002. Alle Rechte bei und vorbehalten durch Suhrkamp Verlag Berlin.

4 Erich Kästner, „Man müßte wieder sechzehn sein", aus: Gedichte. Auswahl und Nachwort von Peter Rühmkorf, Zürich 1969, 149 f. © Atrium Verlag Zürich 1969. Alle Rechte bei und vorbehalten durch Atrium Verlag Hamburg 2016 (Teil der W1 Media Verlagsgruppe).

5 Gottfried Keller, Sämtliche Werke in zwei Bänden, 1. Band, München 1953, 339 ff., Der Grüne Heinrich. Dritter Teil. Der Schädel.

6 Ebd.

7 Ebd.

8 Ebd.

9 Vgl. Peter Zimmerling, Die Losungen. Eine Erfolgsgeschichte durch die Jahrhunderte, Göttingen 2014. Im Bild auf Seite 25 der Ziehkasten mit 100 Karten und das Faksimile der Erstausgabe von 1731, Stuttgart 1979.

10 Dietrich Bonhoeffer Werke Bd. 8, Widerstand und Ergebung, Gütersloh 1998, 542.

11 Rudolf Koch, Das Zeichenbuch. Nachwort von Christian Scheffler, Frankfurt am Main 1984, 118.

12 Unter den außerchristlichen historischen Quellen steht Tacitus, Annalen 15, 44, für die den Christen vorgeworfenen Gottlosigkeit und Aberglauben. Vgl. Udo Schnelle, Einleitung in das Neue Testament, 4. Aufl. Göttingen 2002.

13 Johann Wolfgang von Goethe, Die Geheimnisse, Hamburger Ausgabe, Hg. Erich Trunz, Bd. 2, 272 f.

14 Heidelberger Thesen XX, Luther deutsch 1, 388 f.

15 J. Moltmann, Der gekreuzigte Gott, 42.

16 Dietrich Bonhoeffer Werke Bd. 8, Widerstand und Ergebung, Gütersloh 1998, 515 f.

17 Weitere Literatur zum Thema Kreuz: Luise Schottroff, Der gekreuzigte Mensch Jesus aus Galiläa, in: Befreiungserfahrungen. Studien zur Sozialgeschichte des Neuen Testaments, Theologische Bücherei 82, München 1990,

284-290. Gerd Heinz-Mohr u. Volker Sommer, Die Rose. Entfaltung eines Symbols, München 1988. Jürgen Moltmann, Der gekreuzigte Gott. Das Kreuz Christi als Grund und Kritik christlicher Theologie, München 1972.

[18] Des Knaben Wunderhorn. Kritische Ausgabe, Bd. 3, Stuttgart 1987, 253.

[19] Dietrich Bonhoeffer Werke Bd. 8, Widerstand und Ergebung, Gütersloh 1998, 607, Anm. 2. In den Brautbriefen 208-210.

[20] Rainer Maria Rilke, Mir zur Feier, in: Sämtliche Werke, Hg. Rilke Archiv, Dritter Band, Frankfurt am Main 1959, Taschenbuch 1987, 214.

[21] Zitat bei Jörg Zink, Die goldene Schnur. Anleitung zum inneren Weg, Stuttgart 1999, 42.

[22] Leonardo Boff, Kleine Sakramentenlehre, 4. Aufl. Düsseldorf 1980, 5.

[23] Jörg Zink, Die goldene Schnur. Anleitung zu einem inneren Weg, Stuttgart 1999, 52.

[24] Hilde Domin, „Unaufhaltsam", in: Sämtliche Gedichte. Herausgegeben von: Nikola Herweg und Melanie Reinhold; Nachwort von Ruth Klüger, S. Fischer Verlag GmbH, Frankfurt a. M. 1987, 82.

[25] Christoph Columbus, Bordbuch vom 11.-12. Oktober 1492, in: Columbus in Bildern und Dokumenten, hg. von Christian Scholz, Freiburg 1991, 17.

[26] Jean-Dominique Bauby, Schmetterling und Taucherglocke, Wien 1997.

[27] Reiner Kunze, „eines jeden einziges leben", Gedichte. S. Fischer Verlag GmbH, Frankfurt a. M. 1986, 42.

[28] Martin Luther, Weimarer Ausgabe WA 6, 130 ff., Übersetzung B. Mecking.

[29] Thomas A. Harris, Ich bin o.k., Du bist o.k., 1975.

[30] Hilde Domin, „Ziehende Landschaft", in: Sämtliche Gedichte. Herausgegeben von: Nikola Herweg und Melanie Reinhold; Nachwort von Ruth Klüger, S. Fischer Verlag GmbH, Frankfurt a. M. 1987, 10.

[31] Rabindranath Tagore, zit. bei Karl-Heinz Raach, Wer möchte leben ohne den Trost der Bäume, 2. Aufl. Freiburg 1985, 20.

[32] Günter Eich, „Ende eines Sommers", aus: Gesammelte Werke in vier Bänden. Band 1: Die Gedichte. Die Maulwürfe. Herausgegeben von Axel Vieregg. © Suhrkamp Verlag Frankfurt am Main 1991. Alle Rechte bei und vorbehalten durch Suhrkamp Verlag Berlin.

[33] Gottfried Benn, Sämtliche Gedichte. Klett-Cotta, Stuttgart 1998.

[34] Gustav Schwab, Deutsche Balladen, Hg. Hans Fromm, 171.

[35] Als Telefonandacht auch, in: 2 Minuten, Hg. Melsene Bötticher, Rosengarten 2007, 78.

[36] Daniel 5, 22-30. Übersetzung von Jörg Zink. Die Bibel neu in Sprache gefasst, Freiburg im Breisgau 2012.

[37] Johann Wolfgang von Goethe, Faust, Texte, Hg. Albrecht Schöne, Frankfurt am Main 1999, 442 f.

[38] Legenda aurea des Jacobus de Voragine, Hg. Richard Benz, Heidelberg 1984, 868. Lesenswert auch die Umsetzung von Heiligenlegenden, in: Klaus Reblin, Wolfgang Teichert, Gottescourage. Geschichten vom ganz anderen Leben der Heiligen, Stuttgart 1981.

[39] Die Parabel vom Magen und den Gliedern wurde schon in der Antike, z.B. von Titus Livius und dann häufig, aufgegriffen, s. Hg. Reinhard Dithmar, Fabeln, Parabeln und Gleichnisse. Beispiele didaktischer Literatur, 3. Aufl. München 1974, 102.

[40] 1. Korinther 12, 12-27. Übersetzung von Jörg Zink. Die Bibel neu in Sprache gefasst, Freiburg im Breisgau 2012.